改訂版

伊東信夫 著
金子都美絵 絵

白川静文字学に学ぶ

漢字
なりたちブック
5年生

太郎次郎社エディタス

この本を読んでくれるみなさんへ

この本は、小学校五年生でならう漢字《かんじ》百九十三字の、なりたちと使《つか》いかたを説明《せつめい》した本です。

漢字《かんじ》は、いまから三千三百年ほどまえに、中国語《ちゅうごくご》をあらわす文字として生まれ、以来《いらい》、ずっと生きつづけてきた文字です。なにしろ、三千年以上《いじょう》も生きつづけたのですから、とちゅうでその意味《いみ》をまちがって使《つか》ったこともあります。

しかし、ごく最近《さいきん》、日本の漢字学者《かんじがくしゃ》である白川静博士《しらかわしずかはかせ》という人《ひと》が、漢字《かんじ》のもともとの意味《いみ》と、その使《つか》いかたを正確《せいかく》に説明《せつめい》することに成功《せいこう》し、それを、『字統《じとう》』『字訓《じくん》』『字通《じつう》』（平凡社《へいぼんしゃ》）という三冊《さつ》の漢字字典《かんじじてん》にのこしてくれました。『漢字《かんじ》なりたちブック』は、その、白川博士《しらかわはかせ》の説明《せつめい》に学んでつくったものです。

この本は、五年生の漢字《かんじ》を、音読《おんよ》みの五十音順《おんじゅん》にならべてつくってあります。日本の漢字字典《かんじじてん》は、日本語《ご》の五十音《おん》の順《じゅん》にならべたほうが使《つか》いやすいからです。これも、白川博士《しらかわはかせ》の漢字字典《かんじじてん》のつくりかたに学んだものです。

このシリーズの「二年生版《ばん》」「三年生版《ばん》」「四年生版《ばん》」では、同《おな》じ部分《ぶぶん》をもつ

漢字《かんじ》に注目《ちゅうもく》することがだいじだよ、という話《はなし》をしてきました。同《おな》じ部分《ぶぶん》をもつ漢字《かんじ》には、同《おな》じような意味《いみ》をもっている「なかまの漢字《かんじ》」が多《おお》いということがわかります。また、いまは同《おな》じ形《かたち》でも、もともとはちがう意《い》味《み》の漢字《かんじ》があることも学んできました。

四年生までに習《なら》う漢字《かんじ》の合計《ごうけい》は、六百四十二字。それに五年生の漢字百九十三字をあわせると、八百三十五字になります。五年生の漢字《かんじ》にも「なかまの漢字《かんじ》」がたいへん多《おお》いのですが、四年生までの漢字《かんじ》をいっしょにして考《かんが》えると、いっそう多《おお》くの漢字《かんじ》のなかまが見えてきます。

たとえば、つぎのような場合《ばあい》です（数字《すうじ》は習《なら》う学年）。

格《かく》❺　各《かく》❹　客《きゃく》❸　経《けい》❺　軽《けい》❸　径《けい》❹

眼《がん》❺　限《げん》❺　銀《ぎん》❸　根《こん》❸　採《さい》❺　菜《さい》❹（彩《さい》）

八百三十五字のなかだけでなく、友《とも》だちの名前《なまえ》の漢字《かんじ》や、まちの看板《かんばん》などで見る漢字《かんじ》などもふくめたら、もっともっと漢字《かんじ》のなかまが見えてくるでしょう。どうぞ、漢字《かんじ》は「なかま」で楽《たの》しんでください。

伊東信夫《いとうしのぶ》

この本を読んでくれるみなさんへ……2
糸をつむいで布《ぬの》を織《お》る……12
絵のようにかいた文字……14

ア

圧……16
囲……17
移……18
因……19
永……20
営……21
衛……22
易……23
益……24
液……25
演……26
応……27
往……28
桜……29

★おもしろい漢字の話❶　鳥でうらなう——隹（ふるとり）の話……32

カ

可……34
仮……35
価……36
河……37
過……38
快……39
解……40
格……41
確……42
額……43
刊……44
幹……45
慣……46
眼……47

紀……48
基……49
寄……50
規……51
喜……52
技……53
義……54
逆……55
久……56
旧……57
救……58
居……59
許……60
境……61
均……62
禁……63
句……64
型……65
経……66
潔……67
件……68
険……69
検……70
限……71
現……72
減……73
故……74
個……75
護……76
効……77
厚……78
耕……79
航……80
鉱……81
構……82
興……83
講……84
告……85
混……86

★おもしろい漢字の話❷
糸から布《ぬの》へ……88

サ

査……90
再……91
災……92
妻……93
採……94
際……95
在……96
財……97
罪……98
殺……99
雑……100
酸……101
賛……102
士……103
支……104
史……105
志……106
枝……107
師……108
資……109
飼……110

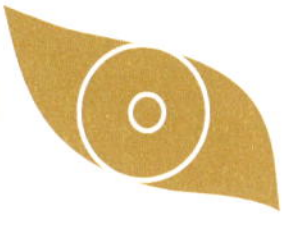

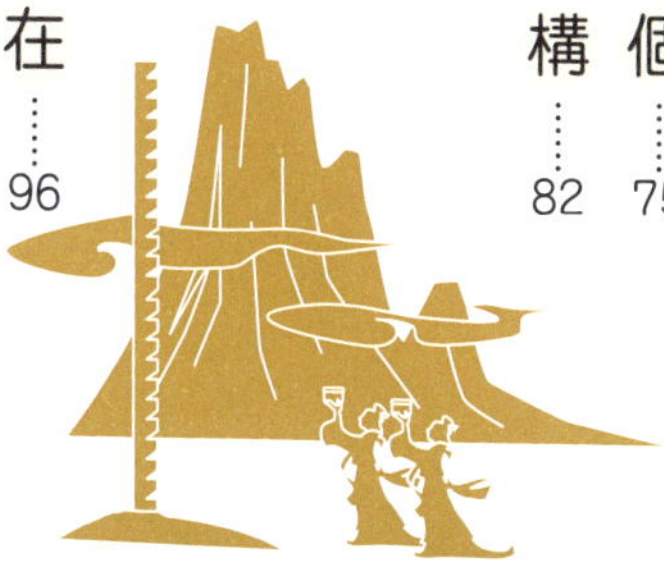

示……111
似……112
識……113
質……114
舎……115
謝……116
授……117
修……118
述……119
術……120
準……121
序……122
招……123

★おもしろい漢字の話③ むかしの税《ぜい》……124

証……126
象……127
賞……128
条……129
状……130
常……131
情……132
織……133
職……134
制……135
性……136
政……137
勢……138
精……139
製……140
税……141
責……142
績……143
接……144
設……145
絶……146
祖……147
素……148
総……149
造……150
像……151
増……152
則……153
測……154
属……155
率……156
損……157

★おもしろい漢字の話④ むかしの日本の「おぼえうた」……158

★おもしろい漢字の話⑤ お金の「貝」……160

タ

貸……162
態……163
団……164
断……165
築……166
貯……167
張……168
停……169
提……170
程……171
適……172
統……173
堂……174
銅……175
導……176
得……177
毒……178
独……179

ナ

任……180
燃……181
能……182

★おもしろい漢字の話⑥
もとの形につけたして……184

ハ

破……186
犯……187
判……188
版……189
比……190
肥……191
非……192
費……193
備……194
評……195
貧……196
布……197
婦……198
武……199
復……200
複……201
仏……202
粉……203
編……204
弁……205
保……206
墓……207
報……208
豊……209
防……210
貿……211
暴……212

★おもしろい漢字の話⑦
漢字の生《お》いたち……214

マ

脈……216
務……217
夢……218
迷……219
綿……220

ヤ

輸……221
余……222
容……223

ラ

略……224
留……225
領……226
歴……227

音訓《おんくん》さくいん……228
むかしの漢字・一覧《いちらん》……236
おとなの方《かた》へ……245

この本の見方

★訓《くん》よみ

★主役《しゅやく》の漢字《かんじ》

★音《おん》よみ

★むかしの漢字《かんじ》
絵のようにかいた、むかしの漢字(古代文字)。
( )の字は、いまの漢字のもとの形(旧字体《きゅうじたい》)。

★はやわかり　となえことば
なりたちをラクラク
おぼえられるよ。
声にだしてみよう。

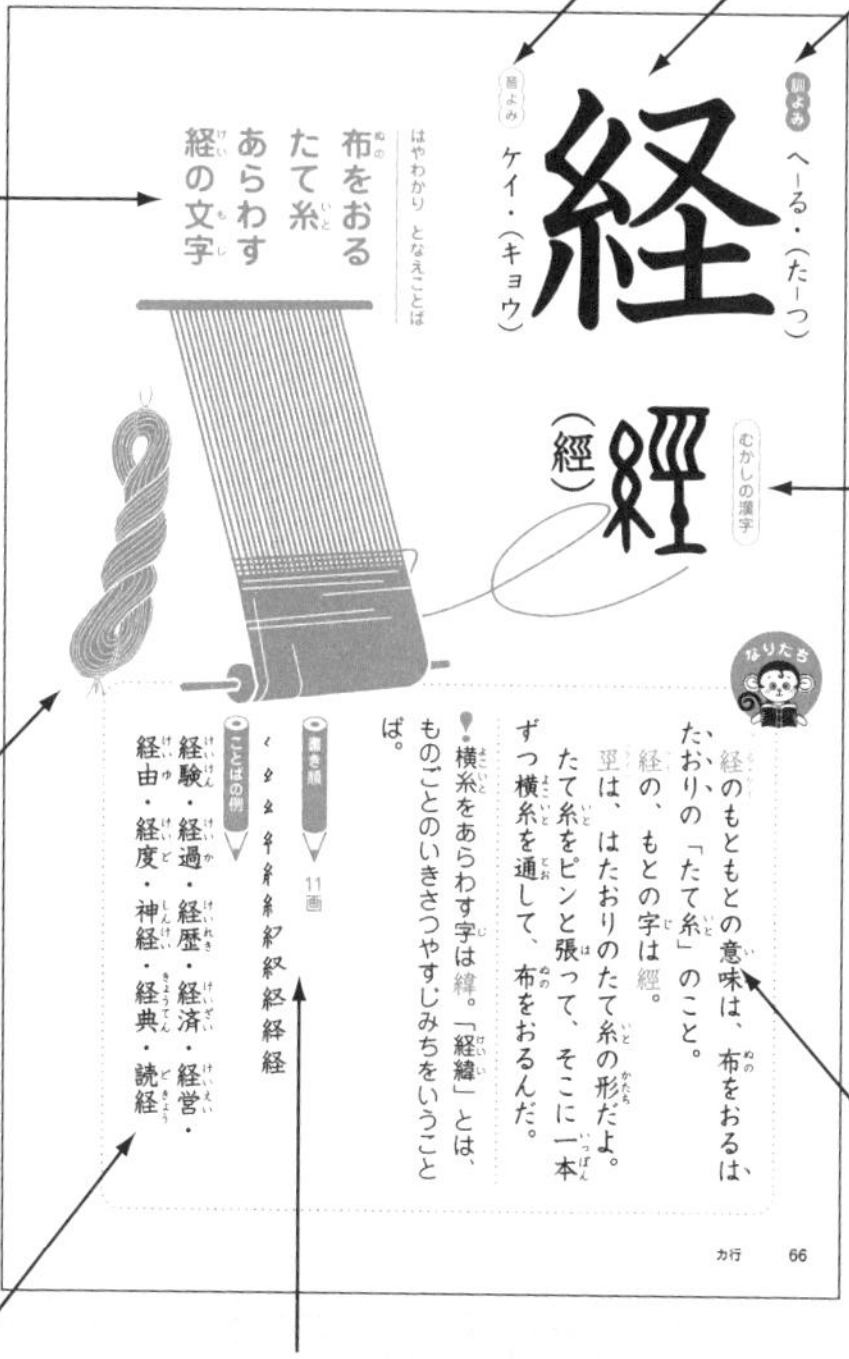
訓よみ　へ-る・(た-つ)
経
音よみ　ケイ・(キョウ)
むかしの漢字
(經)
はやわかり　となえことば
布《ぬの》をおる
たて糸《いと》
あらわす
経《けい》の文字《もじ》
なりたち
経のもともとの意味《いみ》は、布《ぬの》をおるはたおりの「たて糸《いと》」のこと。
経の、もとの字《じ》は經。
巠は、はたおりのたて糸《いと》の形《かたち》だよ。たて糸《いと》をピンと張《は》って、そこに一本《いっぽん》ずつ横糸《よこいと》を通《とお》して、布《ぬの》をおるんだ。
❗横糸《よこいと》をあらわす字《じ》は緯。「経緯《けいい》」とは、ものごとのいきさつやすじみちをいうことば。
書き順　11画
く 幺 幺 糸 糸 糸 紀 紀 経 経 経
ことばの例
経験《けいけん》・経過《けいか》・経歴《けいれき》・経済《けいざい》・経営《けいえい》・経由《けいゆ》・経度《けいど》・神経《しんけい》・経典《きょうてん》・読経《どきょう》
カ行　66

★絵
漢字のもとになった、
形やようすを
あらわしているよ。

★なりたち
その漢字のなりたちを
説明《せつめい》しているよ。
❗マークのところは、
つながりのある字の
説明や、
知っていると
やくにたつこと。

★画数《かくすう》

★書《か》き順《じゅん》

★ことばの例《れい》
その漢字が
つかわれていることば。

破犯判版比肥非費備評貧

布婦武復複仏粉編弁保墓

報豊防貿暴脈務夢迷綿輸

余容略留領歴

小学校5年生で習う漢字（193字）

圧	囲	移	因	永	営	衛	易	益	液	演
応	往	桜	可	仮	価	河	過	快	解	格
確	額	刊	幹	慣	眼	紀	基	寄	規	喜
技	義	逆	久	旧	救	居	許	境	均	禁
句	型	経	潔	件	険	検	限	現	減	故
個	護	効	厚	耕	航	鉱	構	興	講	告
混	査	再	災	妻	採	際	在	財	罪	殺
雑	酸	賛	士	支	史	志	枝	師	資	飼
示	似	識	質	舎	謝	授	修	述	術	準
序	招	証	象	賞	条	状	常	情	織	職
制	性	政	勢	精	製	税	責	績	接	設
絶	祖	素	総	造	像	増	則	測	属	率
損	貸	態	団	断	築	貯	張	停	提	程
適	統	堂	銅	導	得	毒	独	任	燃	能

糸《いと》をつむいで布《ぬの》を織《お》る

古代《こだい》の人びとは、糸《いと》をたいへんだいじなものとしてあつかった。

麻《あさ》やまゆなどをつむいで糸《いと》をつくり、糸束《いとたば》にして染《そ》めあげる。それを織《お》り機《き》（はた）にかけて、布《ぬの》を織《お》った。そして、その布《ぬの》で、衣《ころも》や旗《はた》や、いろいろなものをつくり、税《ぜい》を布《ぬの》でおさめることもした。

五年生の漢字《かんじ》には、糸《いと》や布《ぬの》づくりに由来《ゆらい》する文字が多《おお》い。

「統《とう》」や「総《そう》」は、糸《いと》をまとめることをあらわした字で、「素《そ》」や「率《そつ》」は、糸《いと》をそめ

るときのようすからできた字だ。

織《お》り機《き》に張《は》ったたて糸《いと》をあらわすのが、「経《けい》」。その糸《いと》が弱《よわ》くて切《き》れることもあっただろうし、布《ぬの》が織《お》りあがれば、糸《いと》を切《き》ってはたからおろした。「絶《ぜつ》」や「断《だん》」は、糸《いと》を切《き》る形《かたち》の字だ。

また、人びとは、長《なが》くつづく糸《いと》のように、命《いのち》が長《なが》くつづくことを願《ねが》い、糸《いと》かざりにその願《ねが》いをたくした。そして、約束《やくそく》のしるしには、糸《いと》ひもやなわを結《むす》んだ。

糸《いと》は、まじないや魔《ま》よけにも使《つか》われた。ふさふさとした糸《いと》のようなものには神《かみ》がよりつくとされ、邪悪《じゃあく》なものをはらう道具《どうぐ》にもなった。

絵のようにかいた文字

人や動物《どうぶつ》や自然《しぜん》や、世《よ》の中のものごとを絵《え》のように書《か》いたのが、漢字《かんじ》のはじまり。三千三百年ほどまえに、中国《ちゅうごく》で生まれた文字だ。それを組《く》み合《あ》わせて多《おお》くの文字がつくられ、そして、いまの漢字《かんじ》へとつながっている。

五千年以上《いじょう》もまえのエジプトにも、まるで絵《え》のような文字があった。ヒエログリフとよばれている。ピラミッドのなかから発見《はっけん》されたものには、色《いろ》までついていた。どちらも古代人《こだいじん》の発明《はつめい》だね。

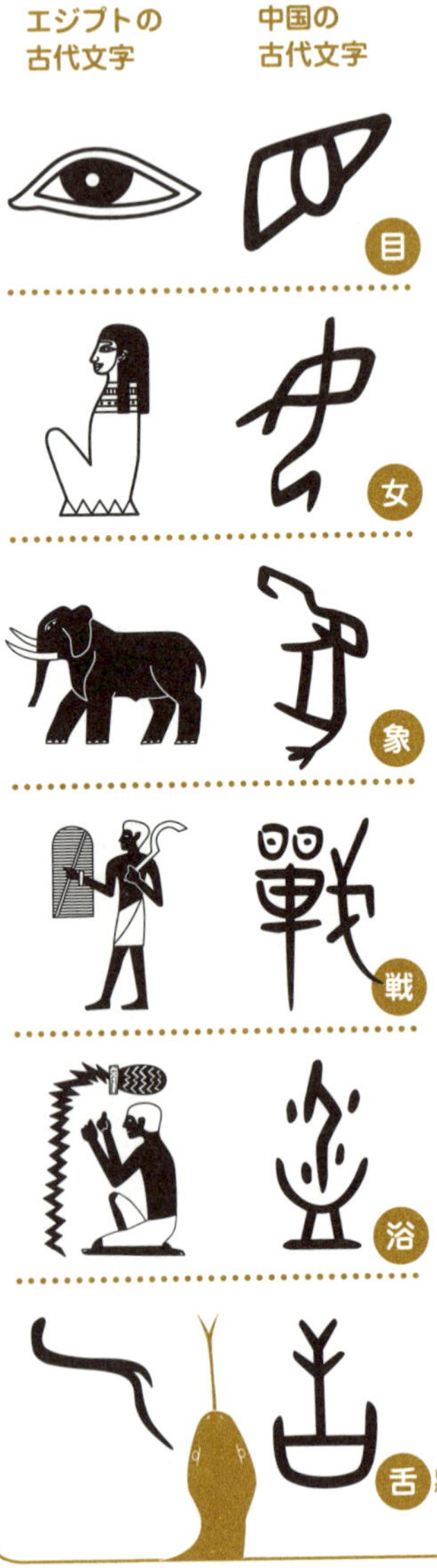

音よみが「ア行」の漢字

ア

訓よみ

音よみ

圧

アツ

はやわかり　となえことば

悪《わる》いこと　おこらぬように　おさえる圧《あつ》

むかしの漢字

壓
（壓）

なりたち

圧《アツ》の、もとの字《じ》は壓。厭《えん》と土《つち》をあわせた形《かたち》だった。
厭《えん》には、犬《いぬ》という字《じ》があるね。
厭《えん》は、骨《ほね》つきの犬《いぬ》の肉《にく》をそなえて、おはらいすることをあらわしている。
壓《アツ》（圧《アツ》）は、まじないの力《ちから》で土《と》地《ち》の霊《れい》をしずめることをあらわした字《じ》。
それで圧《アツ》は、「おさえる」「しずめる」という意味《いみ》に使《つか》われる。

書き順　5画

一　厂　厂　圧　圧

ことばの例

圧力《あつりょく》・圧勝《あっしょう》・圧倒《あっとう》・血圧《けつあつ》・気圧《きあつ》・重圧《じゅうあつ》・制圧《せいあつ》

訓よみ　かこ-む

音よみ　イ

囲

むかしの漢字

（圍）

はやわかり　となえことば

おしろの
まわりを
ぐるりと囲《かこ》む
囲《い》の文字《もじ》だ

なりたち

囲《かこ-む・イ》の、もとの字《じ》は圍。

むかしの漢字《かんじ》を見《み》てごらん。（韋《イ》）は、都《みやこ》をかこむ城壁《じょうへき》（）のまわりを足《あし》（）がめぐっている形《かたち》なんだ。

都《みやこ》を守《まも》るために、兵士《へいし》が見《み》まわること。逆《ぎゃく》に、敵《てき》をせめて、とりかこむこと。その両方《りょうほう》をあらわす形《かたち》が、韋《イ》だ。

囲《イ》（圍）は、韋《イ》に、もうひとつかこみ（囗・くにがまえ）をつけて、とりかこむことをあらわした字《じ》。

書き順　7画《かく》

丨 冂 冃 冃 冄 囲 囲

ことばの例

囲《かこ》い・囲碁《いご》・周囲《しゅうい》・包囲《ほうい》・範囲《はんい》

訓よみ　うつ-す

音よみ　イ

移

はやわかり　となえことば

おそなえ多《おお》くして
いのり
たたりはよそへ
移《うつ》ってほしい

むかしの漢字

なりたち

移《うつ-す・イ》は、禾《か》（のぎへん）と多《た》。禾《か》（のぎへん）はイネの穂《ほ》の形《かたち》で、お米《こめ》などのこくもつをあらわす。多《た》は、肉《にく》を重《かさ》ねた形《かたち》。この夕（夕）は、切《き》った肉《にく》の形《かたち》だよ。移《イ》のもともとの意味《いみ》は、こくもつ（禾）と多《おお》くの肉《にく》をそなえていのり、悪《わる》いことがよそへ移《うつ》ってくれますようにと願《ねが》うこと。

書き順　11画

ノ　ニ　千　禾　…　移

ことばの例

移《うつ》り変《か》わり・移《うつ》り気《ぎ》・移動《いどう》・移転《いてん》・移住《いじゅう》・移植《いしょく》・推移《すいい》・転移《てんい》

訓よみ

（よーる）

因

音よみ

イン

むかしの漢字

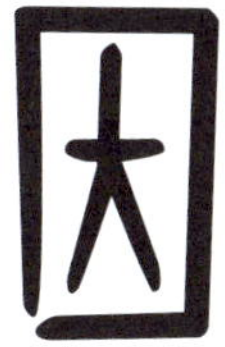

はやわかり　となえことば

因《いん》の字《じ》は
しかくいむしろに
大《だい》の字《じ》だ

なりたち

因《イン》は、口《い》と大《だい》をあわせた形《かたち》。この場合《ばあい》の口《い》は、寝《ね》るときにしく敷《しき》物《もの》（むしろ、ござ）の形《かたち》。いまでいえば、ふとんだね。

そこに人《ひと》が大《だい》の字《じ》になって寝《ね》ている形《かたち》が、因《イン》。

ふとんは、毎日毎日《まいにちまいにち》つかう、なくてはならないものだ。そこから因《イン》は、「よる」「たよる」という意味《いみ》や、ものごとの「もと」という意味《いみ》になった。

書き順

丨冂冃円因因

6画

ことばの例

因果《いんが》・因習《いんしゅう》・因縁《いんねん》・原因《げんいん》・要因《ようい ん》・勝因《しょういん》・敗因《はいいん》

訓よみ ながーい

永

音よみ エイ

むかしの漢字

はやわかり となえことば

水《みず》の流《なが》れが
つづくように
時《じ》間《かん》が永《なが》く
つづいてく

なりたち

永《ながーい・エイ》の、むかしの漢字《かんじ》は、川《かわ》の水《みず》が合《ごう》流《りゅう》して、いきおいよく流《なが》れている形《かたち》だよ。川《かわ》の流《なが》れが長《なが》く続《つづ》いていることをあらわしている。

永《エイ》はいま、「永遠《えいえん》」「永久《えいきゅう》」など、時《じ》間《かん》が長《なが》く続《つづ》いていくことをあらわす。

！永《エイ》と氵（さんずい）で、泳《エイ》。流《なが》れの速《はや》い川《かわ》で泳《およ》ぐことをあらわした字《じ》だ。（3年生）

書き順 5画

丶 ㇇ 刁 氶 永

ことばの例

末永《すえなが》く・永遠《えいえん》・永久《えいきゅう》・永住《えいじゅう》・永眠《えいみん》

訓よみ　いとな-む

音よみ　エイ

営

むかしの漢字

（營）

はやわかり　となえことば

かがり火《び》を
たいて
仕事《しごと》に
つとめる
営《えい》

なりたち

営《いとなーむ・エイ》は、計画《けいかく》をたててものごとを「いとなむ」という意味《いみ》の字《じ》だ。

営《エイ》のもとの字《じ》は營で、𤇾《エイ》と呂《りょ》。𤇾《エイ》には、火《ひ》がふたつあるね。この火《ひ》は、庭《にわ》をてらすかがり火《ひ》をあらわしている。呂《りょ》は、ここでは、宮殿《きゅうでん》のへやをあらわす形《かたち》。

営《エイ》のもとの意味《いみ》は、かがり火《び》をたいて、宮殿《きゅうでん》をつくること。「造営《ぞうえい》」というよ。

書き順　12画

ことばの例

営《いとな》み・営業《えいぎょう》・営利《えいり》・経営《けいえい》・運営《うんえい》・自営《じえい》・陣営《じんえい》

訓よみ

衛

音よみ

エイ

むかしの漢字

はやわかり　となえことば

城《じょう》へきの　まわりをまもる　衛《えい》の文字《もじ》

なりたち

衛《エイ》は、行《こう》のあいだに韋《イ》のある形《かたち》。

韋《イ》（　）は、都《みやこ》をかこむ城壁《じょうへき》（　）のまわりを足《あし》（　）がめぐっている形《かたち》なんだ。行《こう》は、都《みやこ》の十字路《じゅうじろ》だよ。

衛《エイ》は、城壁《じょうへき》のまわりを兵士《へいし》が見《み》まわって、都《みやこ》を守《まも》ることをあらわした字《じ》。

！囲《かこ-む・イ》のもとの字《じ》は圍で、口《（い）》と韋《イ》。韋《イ》にかこみをつけて、都市《とし》をせめてとり囲《かこ》むことをあらわしている。（17ページ）

書き順　16画

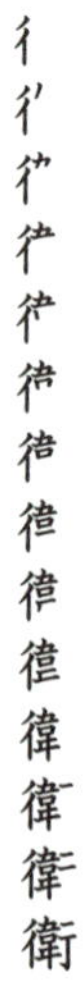

ことばの例

衛生《えいせい》・衛星《えいせい》・衛兵《えいへい》・守衛《しゅえい》・護衛《ごえい》・防衛《ぼうえい》・自衛《じえい》・前衛《ぜんえい》

訓よみ　やさーしい

易

音よみ　エキ・イ

むかしの漢字

はやわかり　となえことば

とくべつな 玉《たま》がかがやく形《かたち》の易《えき》

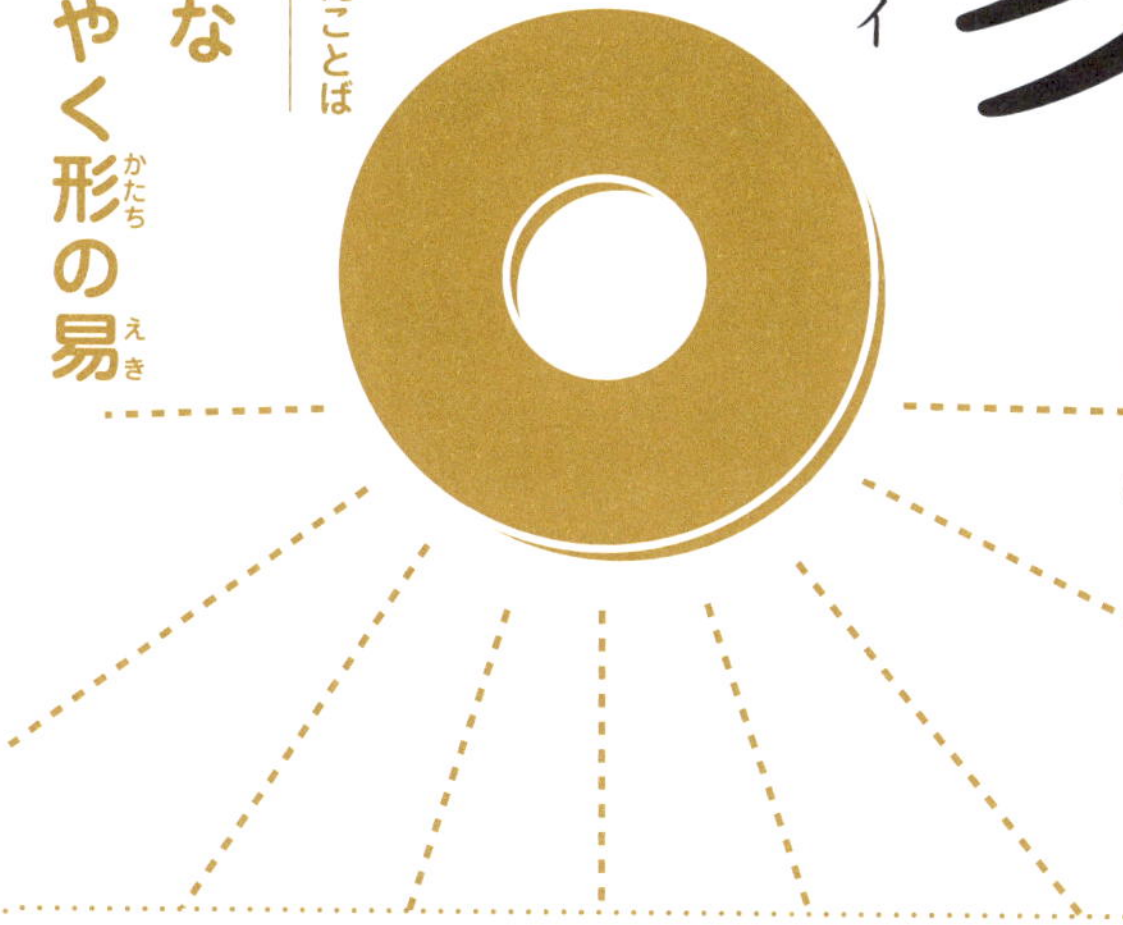

なりたち

易《やさーしい・エキ》は、日《ひ》と勿《ぶつ》をあわせた字《じ》。宝玉《ほうぎょく》（日）の下《した》に、その玉《ぎょく》のかがやく光《ひかり》（勿）を書《か》いた形《かたち》なんだ。

玉《ぎょく》の光《ひかり》には特別《とくべつ》な力《ちから》があって、ものを変化《へんか》させたり、人《ひと》に力《ちから》をあたえたりすると考《かんが》えられていた。

それで、易《エキ》は、「変《か》わる」「あらためる」という意味《いみ》や、「やさしい（たやすい）」という意味《いみ》に使《つか》われる。

書き順　8画

丨 冂 日 日 旦 易 易 易

ことばの例

易者《えきしゃ》・貿易《ぼうえき》・交易《こうえき》・安易《あんい》・容易《ようい》・平易《へいい》

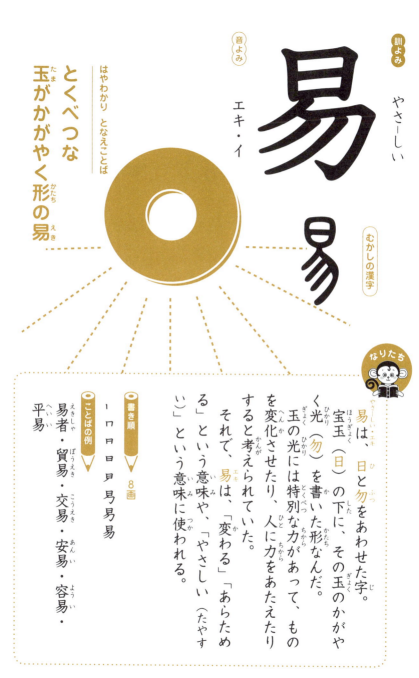

訓よみ

音よみ エキ・（ヤク）

益

むかしの漢字

はやわかり となえことば

お皿《さら》から あふれる水《みず》だ 益《えき》の文字《もじ》

なりたち

益《エキ》は、水《みず》と皿《さら》をあわせた形《かたち》なんだ。絵《え》と、むかしの漢字《かんじ》を見《み》てごらん。うつわ（皿）から、水《みず》があふれている。あふれるほどに、たっぷりあるということだね。益《エキ》は、ふえることや、もうけをあらわす字《じ》。

書き順 10画

ことばの例

益虫《えきちゅう》・利益《りえき》・収益《しゅうえき》・有益《ゆうえき》・無益《むえき》・ご利益《りやく》

訓よみ

音よみ

エキ

液

むかしの漢字

はやわかり　となえことば

氵《さんずい》に
夜《よる》とかいて
血液《けつえき》の液《えき》

なりたち

液《エキ》は、氵（さんずい）に夜《よる・ヤ》と書《か》く。夜《ヤ》は、ここではただ音《おん》をあらわすだけの役目《やくめ》なんだ。（夜《ヤ》は、あわせ漢字《かんじ》のなかでは、エキという音《おん》をあらわすことがあるよ。）

液《エキ》は、水《みず》のような液体《えきたい》をあらわす字《じ》。絵《え》は、木《き》のみきから出《で》る樹液《じゅえき》だよ。

書き順　11画

ことばの例

液体《えきたい》・液状《えきじょう》・液晶《えきしょう》・血液《けつえき》・胃液《いえき》・樹液《じゅえき》・消毒液《しょうどくえき》

訓よみ

音よみ

演

エン

はやわかり となえことば

とどこおりなく
ことを
おこなう
演《えん》の文字《もじ》

むかしの漢字

なりたち

演《エン》は、「演技《えんぎ》」や「演奏《えんそう》」などと使《つか》われる字《じ》だ。

氵（さんずい）と寅《イン》で、演《エン》。

寅《イン》のむかしの漢字《かんじ》はで、曲《ま》がった矢《や》をまっすぐに直《なお》している形《かたち》なんだ。

演技《えんぎ》も、音楽《おんがく》の演奏《えんそう》も、とちゅうで止《と》まらず、順序《じゅんじょ》どおり、まっすぐに進《すす》めなくてはならないものだからね。

書き順 14画

、 冫 氵 氵 氵 泞 泞 泞 渲 渧 湢 湢 演 演

ことばの例

演劇《えんげき》・演技《えんぎ》・演芸《えんげい》・演説《えんぜつ》・演奏《えんそう》・出演《しゅつえん》・主演《しゅえん》・熱演《ねつえん》・公演《こうえん》・講演《こうえん》

訓よみ

応

こた-える

音よみ

オウ

はやわかり　となえことば

こたえること
応答《おうとう》すること
あらわす応《おう》

むかしの漢字

（應）

なりたち

古代《こだい》、中国《ちゅうごく》でも、日本《にほん》でも、タカ狩《が》りがおこなわれた。それは、うらないのためだった。タカ狩《が》りの結果《けっか》で、神《かみ》さまの心《こころ》がわかると、むかしの人《ひと》は考《かんが》えたんだ。

応《こた-える・オウ》のもとの形《かたち》は應で、雁《オウ》と心《こころ》。

雁《オウ》は、タカを人《ひと》がむねにだいている形《かたち》。隹《すい》が、とりをあらわす形《かたち》だよ。

応《オウ》のもともとの意味《いみ》は、タカ狩《が》りで知《し》る、神《かみ》さまからのこたえ。

書き順

丶 亠 广 广 応 応 応

7画

ことばの例

応《おう》じる・応答《おうとう》・応対《おうたい》・応急《おうきゅう》・応募《おうぼ》・応援《おうえん》・応用問題《おうようもんだい》・対応《たいおう》・適応《てきおう》・反応《はんのう》

訓よみ

往（ゆ-く）

音よみ

オウ

むかしの漢字

はやわかり　となえことば

出発《しゅっぱつ》の　ぎしきをあらわす往《おう》の文字《もじ》

往《オウ》は、「ゆく」という意味《いみ》の字《じ》だ。

出発《しゅっぱつ》の儀式《ぎしき》からできた字《じ》だよ。

往《オウ》は、彳（ぎょうにんべん）と主《しゅ》。

この主《しゅ》は、むかしの漢字《かんじ》では、王《おう》の上《うえ》に足《あし》の形《かたち》（止）があった。王《おう》は、神聖《しんせい》な武器《ぶき》のまさかりの形《かたち》。

そのまさかりに足《あし》をふれて、力《ちから》をもらって出発《しゅっぱつ》するのが、往《オウ》の字《じ》だ。

彳（ぎょうにんべん）は道《みち》をあらわす形《かたち》。

書き順　8画

ノ　ク　彳　彳丶　彳亠　行　彳王　往

ことばの例

往復《おうふく》・往来《おうらい》・往年《おうねん》・往生《おうじょう》・右往左往《うおうさおう》

訓よみ　さくら

桜

音よみ　（オウ）

むかしの漢字

櫻

（櫻）

はやわかり　となえことば

夜桜《よざくら》
葉桜《はざくら》
山桜《やまざくら》
花《はな》をさかせる
桜《さくら》の木《き》

なりたち

桜《さくら》といえば、日本《にほん》では、春《はる》に花《はな》をさかせるサクラの木《き》のことだね。

でも、中国《ちゅうごく》では、もともとは、ユスラウメという、実《み》をつける木《き》をあらわした。

桜《さくら・オウ》のもとの字《じ》は櫻で、木（きへん）と嬰《エイ》。嬰《エイ》は、ただ音《おん》をあらわす役目《やくめ》。

（エイがオウに変《か》わったんだ。）

書き順　10画

一　十　才　木　木'　木''　木'''　桜　桜　桜

ことばの例

桜色《さくらいろ》・桜並木《さくらなみき》・夜桜《よざくら》・桜花《おうか》・桜桃《おうとう》

音よみが「カ行」の漢字

カ

おもしろい漢字《かんじ》の話《はなし》❶

鳥《とり》でうらなう ―― 隹（ふるとり）の話《はなし》

隹《すい》

古代《こだい》の人びとは、鳥《とり》は神《かみ》の使《つか》いであり、神《かみ》の意志《いし》（こころ）を伝《つた》えるものだと考《かんが》えていた。

また、鳥《とり》には、先祖《せんぞ》のたましいが宿《やど》っているとも考《かんが》えていた。

だから、人びとは、鳥《とり》を見て、いろいろなことをうらなった。

隹《すい》（ふるとり）は、そうした鳥《とり》をあらわす形《かたち》だ。

（❸～❺は、習《なら》う学年）

❸ 進《シン》

すすむ

鳥《とり》（隹）にみちびかれて進《すす》む。

集《シュウ》 ❸

あつまる

たくさんの鳥《とり》（隹）が木に集《あつ》まる。

護《ゴ》 ❺

まもる

鳥《とり》（隹）でうらなって、身《み》をまもる。（76ページ）

応（應）《オウ》 ❺

こたえる

鳥《とり》（隹）をとおして、神《かみ》が心《こころ》を伝《つた》え、人間《にんげん》にこたえる。（27ページ）

観《カン》 ❹

みる

鳥《とり》（隹）を見てうらなう。

この字にも隹《すい》があるよ。

確《カク》 ❺ （42ページ）

旧（舊）《キュウ》 ❺ （57ページ）

訓よみ

音よみ　カ

可

むかしの漢字

はやわかり　となえことば

𠙵《サイ》を打《う》ち
ねがいが通《つう》じる形《かたち》の可《か》

なりたち

可《カ》の字《じ》にある口《コウ》は、器《うつわ》の𠙵《サイ》。古代《こだい》の人《ひと》が、いのりのことばや願《ねが》いごとを書《か》いて、その器《うつわ》におさめたのだという。

丁《（か）》は、木《き》の枝《えだ》の形《かたち》。

可《カ》は、𠙵《サイ》（口）を木《き》の枝《えだ》（丁）で打《う》って、「願《ねが》いをかなえろ」と神《かみ》にせまる形《かたち》の字《じ》だ。

可《カ》は、それにたいして、「よし」と許可《きょか》が出《で》ることもあらわした。

書き順　5画

一　丅　丆　𠮛　可

ことばの例

可能《かのう》・可決《かけつ》・可燃物《かねんぶつ》・許可《きょか》・認可《にんか》・不可《ふか》

仮

訓よみ　かり

音よみ　カ・（ケ）

むかしの漢字　（假）

はやわかり　となえことば

仮面《かめん》をつけて
仮《かり》のすがたに
なるのが仮《か》

なりたち

仮《かり・カ》は、「仮面《かめん》」の仮《カ》。人《ひと》が顔《かお》につけるものだから、亻（にんべん）なんだね。

仮面《かめん》は、なにかににせるためにかぶる。それで仮《カ》は、「かわり」とか「まにあわせ」という意味《いみ》なんだ。

仮《カ》の、もとの字《じ》は假。

叚《カ》は、切《き》りだした岩石《がんせき》を手《て》に持《も》つ形《かたち》。その石《いし》をみがけば宝石《ほうせき》になるのだけれど、まだ宝石《ほうせき》ではない。だから、まだ「仮《かり》のもの」ということだ。

書き順　6画

ノ　亻　仁　仮　仮　仮

ことばの例

仮住《かりず》まい・仮名《かめい》・仮定《かてい》・仮説《かせつ》・仮病《けびょう》

価

音よみ　カ

訓よみ　（あたい）

むかしの漢字　價（價）

はやわかり　となえことば

売《う》り買《か》いの　ねだんや
ねうちをあらわす価《か》

なりたち

価《カ》のもとの字《じ》は價《カ》で、亻（にんべん）と賈《カ》。

賈《カ》は、ものを売《う》ったり買《か》ったりすることをあらわす形《かたち》。買《か-う》や賣《う-る》（売のもとの字《じ》）に、にているね。

価《カ》は、物《もの》のねだんや、人《ひと》やものごとのねうちをあらわす字《じ》。

書き順

ノ亻仁伝価価価価

8画

ことばの例

価値《かち》・価格《かかく》・定価《ていか》・評価《ひょうか》・物価《ぶっか》・真価《しんか》・高価《こうか》・安価《あんか》

訓よみ かわ

河

音よみ カ

はやわかり　となえことば

氵《さんずい》に
可《か》の字《じ》を
かいて
河《かわ》のこと

むかしの漢字

なりたち

河《かわ・カ》とは、水《みず》が流《なが》れる「かわ」のこと。中国《ちゅうごく》で「河《かわ》」といえば、黄河《こうが》という長《なが》く大《おお》きな川《かわ》をあらわす。河《カ》は、氵（さんずい）と可《カ》。可《カ》は、ここでは、ただ、カという音《おん》をあらわすだけの役目《やくめ》。

可《か》のなりたちは、34ページを見《み》てね。

書き順　8画

、 ⺀ 氵 氵 汀 沪 沪 河

ことばの例

河口《かこう》・河原《かわら》・河川《かせん》・山河《さんが》・大河《たいが》・運河《うんが》・氷河《ひょうが》・銀河《ぎんが》

過

訓よみ

すーぎる・すーごす（あやまーち）

音よみ

カ

むかしの漢字

はやわかり　となえことば

死者《ししゃ》の骨《ほね》に
いのりをささげて
通過《つうか》する

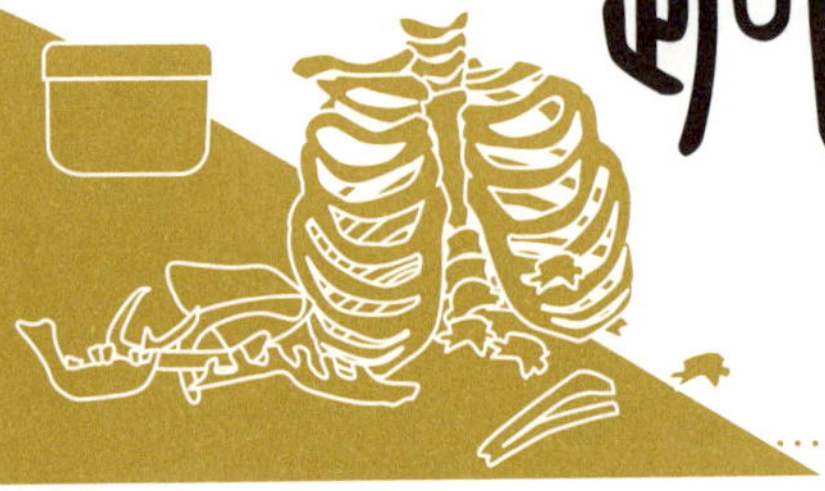

なりたち

過《すーぎる・カ》は、辶（しんにょう）と咼《カ》。
咼《カ》は、なくなった人《ひと》のお骨《こつ》（冎）に、いのりをささげる形《かたち》なんだ。
辶（しんにょう）は、道《みち》を行《い》くことをあらわす形《かたち》。
過《カ》は、重要《じゅうよう》な場所《ばしょ》を通過《つうか》するときに、いのりをささげることをあらわした字《じ》だ。

書き順　12画

ことばの例

昼過《ひるす》ぎ・過《あやま》ち・過去《かこ》・過激《かげき》・過半数《かはんすう》・過労《かろう》・過失《かしつ》・通過《つうか》・経過《けいか》

訓よみ　こころよ-い

快

音よみ　カイ

はやわかり　となえことば

スパッと
刃物《はもの》で切《き》るように
快《こころよ》いこと
はやいこと

むかしの漢字

なりたち

快《こころよ-い・カイ》の、右がわの夬（カイ）（）は、刃物《はもの》を持《も》って、ものをたち切《き》る形《かたち》なんだ。忄（りっしんべん）は、心《こころ》の字《じ》が左《ひだり》にかたよってできた形《かたち》。
快《カイ》は、スパッと切《き》れる快《こころよ》さ（気《き》持《も》ちよさ）をあらわす。

！決《けつ》は、洪水《こうずい》をふせぐために、川《かわ》の堤防《ていぼう》を切《き》る形《かたち》。（3年生）

書き順　7画

ことばの例

快調《かいちょう》・快適《かいてき》・快感《かいかん》・快挙《かいきょ》・快速《かいそく》・軽快《けいかい》・明快《めいかい》・不快《ふかい》・愉快《ゆかい》・全快《ぜんかい》

訓よみ　とーく・とーける

解

音よみ　カイ・(ゲ)

はやわかり　となえことば

牛《うし》の角《つの》を刀《かたな》で切《き》りとる
解《かい》の文字《もじ》

むかしの漢字

なりたち

解《とーく・カイ》という字《じ》は、分解《ぶんかい》すれば、よくわかる。角《つの》と刀《かたな》と牛《うし》だね。牛《うし》の角《つの》を刀《かたな》で切《き》りとることをあらわしている。

牛《うし》の角《つの》は、祭《まつ》りに使《つか》うたいせつな道具《どうぐ》(祭器《さいき》)だったんだ。

解《と》き分《わ》けることから、疑問《ぎもん》や問題《もんだい》を解《と》くことや、解《カイ》はやがて、解《と》いて理解《りかい》することにも使《つか》われるようになった。

書き順　13画

ノ ク ⺈ 角 角 角 角 角 角 角 角 觧 解

ことばの例

雪解《ゆきど》け・解体《かいたい》・解散《かいさん》・解明《かいめい》・解決《かいけつ》・分解《ぶんかい》・理解《りかい》・正解《せいかい》・誤解《ごかい》・解熱《げねつ》

訓よみ

音よみ

格

カク・(コウ)

むかしの漢字

はやわかり　となえことば

木《き》の枝《えだ》が
からむ
ことから
できた格《かく》

なりたち

格《カク》のもともとの意味《いみ》は、のびた木《き》の枝《えだ》が交《まじ》わって、からみあうこと。だから、からみあって戦《たたか》う「格闘《かくとう》技《ぎ》」の格《カク》なんだね。

格《カク》は、木《き》をたて・よこに格子《こうし》に組《く》むこともあらわした。だから、「骨格《こっかく》」（骨組《ほねぐ》み）や「規格《きかく》」（きまり、標準《ひょうじゅん》）などとも使《つか》われる。

各《カク》は、音《おん》をあらわす部分《ぶぶん》。

書き順　10画

ことばの例

格別《かくべつ》・格調《かくちょう》・格差《かくさ》・格闘技《かくとうぎ》・性格《せいかく》・体格《たいかく》・価格《かかく》・合格《ごうかく》・格子《こうし》

確

訓よみ　たし-か・たし-かめる

音よみ　カク

むかしの漢字

はやわかり　となえことば

石《いし》のように
かたく
確《たし》かなことが確《かく》

なりたち

確《たし-か・カク》は、石《いし》と隺《カク》とに分《わ》けられる字《じ》。

隺《カク》は、飛《と》び立《た》とうとするとり（隹《すい》）に、かこい（冂）をつけて、つなぎとめている形《かたち》。こうすれば、とりは動《うご》けない。

そして、石《いし》はとても固《かた》いものだ。

確《カク》は、石《いし》のように、かたく確《たし》かなことをあらわす字《じ》。

書き順

一 ア 石 石 矿 矿 矿 矿 矿 矿 矿 碓 碓 確 確

15画

ことばの例

確実《かくじつ》・確立《かくりつ》・確認《かくにん》・確率《かくりつ》・確保《かくほ》・確信《かくしん》・正確《せいかく》・明確《めいかく》・的確《てきかく》

訓よみ ひたい

音よみ ガク

額

むかしの漢字

はやわかり　となえことば

顔《かお》の正面《しょうめん》
ひたいのことだ
額《がく》の文字《もじ》

なりたち

額《ひたい・ガク》のもともとの意味《いみ》は、ひたい（おでこ）のこと。

額《ガク》を分《わ》けると、客《カク》と頁（おおがい）。頁は、ここでは、人《ひと》の首《くび》から上《うえ》をあらわす。客《カク》は、音《おん》をあらわす部分《ぶぶん》。

ひたいは顔《かお》の正面《しょうめん》にある。それで、建物《たてもの》の正面《しょうめん》にかかげるものを「額《がく》」というようになったんだ。

！題《だい》も、もともとはひたいをあらわした。（3年生）

書き順　18画

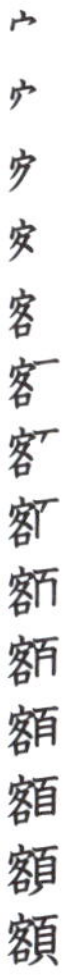

ことばの例

額縁《がくぶち》・金額《きんがく》・全額《ぜんがく》・半額《はんがく》・高額《こうがく》

訓よみ

音よみ カン

刊

むかしの漢字

はやわかり　となえことば

もともとは
木《き》をけずること
朝刊《ちょうかん》の刊《かん》

なりたち

刊《カン》は、刂（りっとう）と干《カン》をあわせた字《じ》。刂（りっとう）は刀《かたな》だよ。刊《カン》のもともとの意味《いみ》は、刀《かたな》（刃物《はもの》）で木《き》をけずること。

むかしの書物《しょもつ》は、木《き》の板《いた》に刃物《はもの》で文字《もじ》をほりつけて、そこに絵《え》の具《ぐ》をぬって、紙《かみ》にすった。木版画《もくはんが》だね。

それで、刊《カン》は、本《ほん》や新聞《しんぶん》などを出《だ》す「刊行《かんこう》」の刊《カン》に使《つか》われる。

干《カン》は、ただ音《おん》をあらわす部分《ぶぶん》。

書き順　5画

一 二 干 刊 刊

ことばの例

刊行《かんこう》・新刊《しんかん》・朝刊《ちょうかん》・日刊《にっかん》・週刊誌《しゅうかんし》

訓よみ

みき

音よみ

カン

幹

むかしの漢字

はやわかり　となえことば

旗《はた》ざおの
形《かたち》からできた
幹《かん》の文字《もじ》

なりたち

幹《みき・カン》の字《じ》の倝（倝）は、旗《はた》ざおの形《かたち》なんだ。ふきながしがついているよ。干《カン》は、音《おん》をあらわす部分《ぶぶん》。旗《はた》ざおは、旗《はた》をたてるための柱《はしら》だ。そこから幹《カン》は、木《き》の「みき」や、「おおもとになるもの」をあらわすようになった。

! 旅《りょ》・族《ぞく》・遊《ゆう》の字《じ》にある㫃（㫃）も、ふきながしのついた旗《はた》ざおの形《かたち》だよ。（3年生）

書き順

一 十 𠀋 古 古 吉 直 卓 卓 𠦝 倝 幹 幹 幹

13画

ことばの例

木《き》の幹《みき》・幹事《かんじ》・幹部《かんぶ》・根幹《こんかん》・新幹線《しんかんせん》

訓よみ　なーれる

慣

音よみ　カン

むかしの漢字

はやわかり　となえことば

心《こころ》と貫《かん》　慣《な》れる心《こころ》を　あらわした慣《かん》

なりたち

慣《なーれる・カン》は、忄（りっしんべん）と貫《カン》。

貫《カン》は、貝《かい》にひもを通《とお》してつづった形《かたち》で、つながることや、始《はじ》めから終《お》わりまで貫《つらぬ》き通《とお》すことをあらわす。

忄（りっしんべん）は心《こころ》だよ。

慣《カン》とは、いつも変《か》わらぬ習慣《しゅうかん》のこと。

そして、習慣《しゅうかん》になったときの心《こころ》の状態《じょうたい》のこと。

書き順　14画

ことばの例

場慣《ばな》れ・慣例《かんれい》・慣行《かんこう》・慣用《かんよう》・習慣《しゅうかん》

訓よみ （まなこ）・（め）

眼

音よみ ガン・（ゲン）

むかしの漢字

はやわかり となえことば

悪《わる》いものを
おいはらう目《め》が
眼《がん》の文字《もじ》

なりたち

眼《ガン》は、「眼力《がんりき》」の眼《ガン》。目《め》と艮《コン》だよ。

艮《コン》（）は、目《め》の下《した》に、後《うし》ろむきの人《ひと》を書《か》いた形《かたち》。まじないの目《め》ににらみつけられて、進《すす》むことができない形《かたち》なんだ。眼《ガン》のもともとの意味《いみ》は、神聖《しんせい》な場所《ばしょ》を守《まも》るまじないの目《め》。

こわい目《め》の絵《え》をかいて、それをたいせつな場所《ばしょ》にかかげたのだという。

！限《げん》にも、艮《コン》の形《かたち》があるよ。（71ページ）

書き順 11画

ことばの例

血眼《ちまなこ》・眼鏡《めがね》・眼球《がんきゅう》・眼科《がんか》・肉眼《にくがん》・老眼《ろうがん》・主眼《しゅがん》・方眼紙《ほうがんし》・開眼《かいげん》

訓よみ

紀

音よみ キ

はやわかり となえことば

糸《いと》まきに
糸《いと》をまきとる
紀《き》の文字《もじ》だ

むかしの漢字

なりたち

紀《キ》は、糸（いとへん）と己《キ》。
己《キ》は、糸《いと》まきの形《かたち》なんだ。
紀《キ》は、長《なが》くつづく糸《いと》を、きちんと、
糸《いと》まきにまきとることをあらわした字《じ》。
そこから、さまざまなものを順序《じゅんじょ》よ
く整《ととの》えることや、ことばで書《か》きしるす
ことをあらわすようになった。

書き順 9画《かく》

ことばの例

紀元《きげん》・紀行《きこう》・世紀《せいき》・風紀《ふうき》

訓よみ （もと）・（もとい）

基

音よみ キ

むかしの漢字

はやわかり　となえことば

建物《たてもの》の
土台《どだい》をつくる
基《き》の文字《もじ》だ

なりたち

基《キ》は、其《キ》と土《つち》とに分《わ》けられる字《じ》。其《キ》は、四角《しかく》いものや土台《どだい》をあらわす形《かたち》。基《キ》は、土《つち》をもって、建物《たてもの》の土台《どだい》をつくることをあらわした字《じ》だ。建物《たてもの》の基《き》礎《そ》をつくることだね。

！旗《はた》にも其《キ》の形《かたち》がある。四角《しかく》い「はた」をあらわした字《じ》だ。（4年生）

書き順

一 十 卄 廿 甘 甘 其 其 其 基 基

11画

ことばの例

基本《きほん》・基準《きじゅん》・基地《きち》・基金《ききん》・基礎《きそ》

寄

訓よみ　よ-る・よ-せる

音よみ　キ

むかしの漢字

はやわかり　となえことば

寄《よ》りかかること
まかせることを
あらわす寄《き》

なりたち

寄《よ-る・キ》は、お宮《みや》をあらわす宀（うかんむり）と奇《キ》だよ。

奇《キ》は、器《うつわ》の𠙵《サイ》（口）に、大《おお》きな曲刀《きょくとう》をあわせた形《かたち》。不安定《ふあんてい》なもの、かたよったもの、という意味《いみ》がある。

寄《キ》のもともとの意味《いみ》は、不安定《ふあんてい》なものを神聖《しんせい》なものに寄《よ》りかからせること。たよることや、まかせることだね。

書き順　11画

ことばの例

寄《よ》せ書《が》き・寄《よ》り道《みち》・年寄《としよ》り・身寄《みよ》り・耳寄《みみよ》り・最寄《もよ》り・寄港《きこう》・寄生《きせい》・寄付《きふ》

規

訓よみ

音よみ　キ

はやわかり　となえことば

もともとは
コンパスあらわす
規《き》の文字《もじ》だ

むかしの漢字

むかしのコンパス

なりたち

むかしのコンパスを規《キ》といった。規《キ》は、夫《ふ》と見《けん》。この夫《ふ》は「おっと」ではなくて、もとの形《かたち》は。ぶんまわしというコンパスだよ。見《けん》があるのは、よく見《み》て円《えん》を書《か》くからかもしれないね。

この道具《どうぐ》を使《つか》って原図《げんず》や型《かた》をつくることから、規《キ》は、決《き》まりや手本《てほん》という意味《いみ》の字《じ》になった。いまは、直線《ちょくせん》を引《ひ》く「定規《じょうぎ》」にも使《つか》われる。

書き順

11画

ことばの例

規則《きそく》・規制《きせい》・規律《きりつ》・規格《きかく》・規定《きてい》・規模《きぼ》・定規《じょうぎ》・正規《せいき》・新規《しんき》

訓よみ

喜

よろこーぶ

音よみ

キ

むかしの漢字

はやわかり　となえことば

お祭《まつ》りの
たいこをたたけば
神《かみ》さま喜《よろこ》ぶ

なりたち

喜《よろこーぶ・キ》の、むかしの漢字《かんじ》を見《み》てごらん。上《うえ》の部分《ぶぶん》の壴は、かざりをつけたたいこの形《かたち》。下《した》の部分《ぶぶん》は𠙵《サイ》で、いのりのことばを入《い》れるうつわ。喜《キ》は、祭《まつ》りでたいこを打《う》ちならして、神《かみ》さまを喜《よろこ》ばせることをあらわした字《じ》だ。

書き順

12画《かく》

ことばの例

喜《よろこ》び・喜劇《きげき》・喜怒哀楽《きどあいらく》・歓喜《かんき》・狂喜《きょうき》

技

訓よみ （わざ）

音よみ ギ

はやわかり　となえことば

扌《てへん》に支《し》　手《て》を動《うご》かして　たくみな技《わざ》だ

むかしの漢字

なりたち

技《わざ・ギ》は、扌（てへん）と支《シ》。
支《シ》は、シという音《おん》をあらわす部分《ぶぶん》で、小枝《こえだ》を手《て》に持《も》つ形《かたち》の字《じ》だよ。
技《ギ》は、さいしょ、手《て》を動《うご》かして演技《えんぎ》することをあらわした。
やがて、人間《にんげん》が生《う》みだすさまざまな「わざ」や技術《ぎじゅつ》をあらわすようになった。

! 支《し》のなりたちは、104ページを見《み》てね。

書き順　7画

一 十 扌 扌 扌 抆 技

ことばの例

足技《あしわざ》・投《な》げ技《わざ》・技術《ぎじゅつ》・技量《ぎりょう》・技師《ぎし》・球技《きゅうぎ》・競技《きょうぎ》・特技《とくぎ》・演技《えんぎ》

訓よみ

義

音よみ　ギ

むかしの漢字

はやわかり　となえことば

羊《ひつじ》と我《が》
ただしい
ことを
あらわす義《ぎ》

なりたち

義《ギ》は、羊《ひつじ》と我《が》をあわせた形《かたち》。我《が》は、のこぎりの形《かたち》からできた字《じ》だよ。

古代《こだい》には、羊《ひつじ》や牛《うし》や犬《いぬ》などが、神《かみ》へのささげものにされた。

義《ギ》は、いけにえの羊《ひつじ》が、体《からだ》の中《なか》も外《そと》も、完璧《かんぺき》なものであることをあらわした字《じ》。我《が》（のこぎり）は、ものをたちわることをあらわしている。

正《ただ》しいささげものだから、義《ギ》は「ただしい」という意味《いみ》になった。

書き順

13画

ことばの例

義理《ぎり》・義務《ぎむ》・義父《ぎふ》・義足《ぎそく》・正義《せいぎ》・意義《いぎ》・定義《ていぎ》・主義《しゅぎ》・講義《こうぎ》・談義《だんぎ》

訓よみ　さか・さか-らう

逆

音よみ　ギャク

はやわかり　となえことば

逆《さか》さまの　人《ひと》の形《かたち》で　あらわした逆《ぎゃく》

むかしの漢字

なりたち

逆《さか・ギャク》は、「さかさま」という意味《いみ》の字《じ》だ。辶（しんにょう）と屰《ギャク》だよ。屰《ギャク》の、むかしの漢字《かんじ》は。人《ひと》のすがたの大《だい》（）をさかさにした形《かたち》だ。

この形《かたち》で、むこうからやってくる人《ひと》をあらわした。こっちから行《い》くのとは逆方向《ぎゃくほうこう》に、あっちから来《く》る人《ひと》だ。辶（しんにょう）は、「道《みち》を行《い》く」という意味《いみ》をあらわす形《かたち》。

書き順　9画

ことばの例

逆上《さかあ》がり・逆《さか》さま・逆立《さかだ》ち・逆算《ぎゃくさん》・逆転《ぎゃくてん》・逆風《ぎゃくふう》・逆流《ぎゃくりゅう》・逆効果《ぎゃくこうか》

訓よみ

ひさ-しい

久

音よみ

キュウ・（ク）

むかしの漢字

はやわかり　となえことば

久《きゅう》の字《じ》は なくなった人《ひと》を ささえる形《かたち》

なりたち

久《ひさ-しい・キュウ》の、むかしの漢字《かんじ》を見《み》てごらん。横《よこ》たわった死者《ししゃ》の体《からだ》を、後《うし》ろから木《き》でささえている形《かたち》なんだ。こうして、死者《ししゃ》をひつぎ（柩《ひつぎ》）におさめた。

人《ひと》は、死《し》ぬと自然《しぜん》の一部《いちぶ》になる。そして、死後《しご》の世界《せかい》は永遠《えいえん》だと、古代中《こだいちゅう》国《ごく》の人《ひと》びとは考《かんが》えていた。

それで久《キュウ》は、「永久《えいきゅう》」など、長《なが》く久《ひさ》しいことをあらわすようになった。

書き順

ノ ク 久　3画

ことばの例

久《ひさ》しぶり・永久《えいきゅう》・持久《じきゅう》・耐久《たいきゅう》・久遠《くおん》

訓よみ

旧

音よみ

キュウ

はやわかり　となえことば

古《ふる》いこと　古《ふる》くからのこと
あらわす旧《きゅう》

むかしの漢字

（舊）

なりたち

旧《キュウ》の、もとの字《じ》は舊。ちょっとややこしいね。
むかしの漢字《かんじ》を見《み》てごらん。ミミズクという鳥《とり》（）の足《あし》が、わな（）にかかっているよ。
にげられずに、いつまでもそこにいることから、旧《キュウ》は、長《なが》い時間《じかん》がたつことをあらわす字《じ》になった。「古《ふる》くからずっと」という意味《いみ》だ。

書き順　5画

丨 ‖ 丨冂 丨日 旧

ことばの例

旧友《きゅうゆう》・旧知《きゅうち》・旧字《きゅうじ》・旧式《きゅうしき》・旧作《きゅうさく》・旧交《きゅうこう》・旧家《きゅうか》・復旧《ふっきゅう》・新旧《しんきゅう》・旧正月《きゅうしょうがつ》

救

訓よみ　すく-う

音よみ　キュウ

はやわかり　となえことば

わざわいから
救《すく》うまじない
あらわした救《きゅう》

むかしの漢字

なりたち

救《すくーう・キュウ》は、求《キュウ》と攵（むちづくり）だよ。

求《キュウ》は、たたりをなすけものの形《かたち》。攵（攴《ぼく》）は、ものを打《う》ちつけることをあらわす形《かたち》。

むかし、たたりをなすけものを打《う》つまじないがあった。そうすれば、救《すく》われる（たすかる）と考《かんが》えられていたんだ。

それが、救《キュウ》のなりたち。

書き順　11画《かく》

一 ナ 寸 才 求 求 求 求 求 救 救

ことばの例

救《すく》い・救急車《きゅうきゅうしゃ》・救出《きゅうしゅつ》・救助《きゅうじょ》・救命具《きゅうめいぐ》

訓よみ いーる

音よみ キヨ

居

むかしの漢字

はやわかり　となえことば

人《ひと》がつくえに こしかけている 居《きょ》の文字《もじ》だ

なりたち

居《いーる・キョ》は、尸（しかばね）と古《こ》。でも、もとは凥という形《かたち》で、尸《し》と几《き》だった。凥《キョ》は、つくえ（几）に、人《ひと》（尸）がこしかけている形《かたち》なんだ。

尸《し》は、先祖《せんぞ》をまつるお祭《まつ》りで、「かたしろ」の役目《やくめ》をしている人《ひと》の形《かたち》。かたしろとは、祭《まつ》りなどで、なくなった人《ひと》のかわりに祭《さい》だんにすわる人《ひと》。じっと動《うご》かずすわっているので、居《キョ》は「いる」という意味《いみ》になった。

書き順

㇕ コ 尸 尸 尸 居 居 居

8画

ことばの例

居間《いま》・居所《いどころ》・居心地《いごこち》・芝居《しばい》・敷居《しきい》・居住《きょじゅう》・住居《じゅうきょ》・入居《にゅうきょ》・転居《てんきょ》・同居《どうきょ》

許

訓よみ　ゆる-す

音よみ　キョ

むかしの漢字

はやわかり　となえことば

許《きょ》の文字《もじ》は　ねがいが通《つう》じて　許《ゆる》されること

なりたち

許《ゆるーす・キョ》は、「ゆるす」という意味《いみ》の字《じ》だ。言（ごんべん）と午《ゴ》で、許《キョ》。午《ゴ》は、きねの形《かたち》をした道具《どうぐ》。いのるときに使《つか》ったものだ。言（ごんべん）は、いのりのことばをあらわしているのだろう。許《キョ》は、午《ゴ》をおいていのり、神《かみ》さまがそのいのりを聞《き》き入《い》れ、許《ゆる》すことをあらわした字《じ》。

書き順　11画

ことばの例

許可《きょか》・許容《きょよう》・特許《とっきょ》・免許《めんきょ》

訓よみ

さかい

境

音よみ

キョウ・（ケイ）

むかしの漢字

はやわかり　となえことば

土《つち》と竟《きょう》
土地《とち》のさかいめ
あらわす境《きょう》

なりたち

境《さかい・キョウ》は、土《つち》と竟《キョウ》だよ。竟《キョウ》は、音《おと》＋儿（人《ひと》）で、「終《お》わる」という意味《いみ》がある。おいのりのとちゅうでかすかな音《おと》がすれば、願《ねが》いがかなうと、むかしの人《ひと》は考《かんが》えた。すると、そこでおいのりが終《お》わるから、竟《キョウ》には終《お》わるという意味《いみ》があるんだ。

土《つち》は、土地《とち》をあらわす。

境《キョウ》は、土地《とち》の終《お》わりや、さかいめをあらわす字《じ》。

書き順　14画

一 十 土 圹 圹 圹 垃 垃 垃 培 培 培 墇 境

ことばの例

境目《さかいめ》・見境《みさかい》・県境《けんざかい》・境界《きょうかい》・境遇《きょうぐう》・国境《こっきょう》・心境《しんきょう》・逆境《ぎゃっきょう》・環境《かんきょう》・境内《けいだい》

訓よみ

均

音よみ　キン

むかしの漢字

はやわかり　となえことば

土地《とち》をならして平《たい》らにするのが均《きん》の文字《もじ》

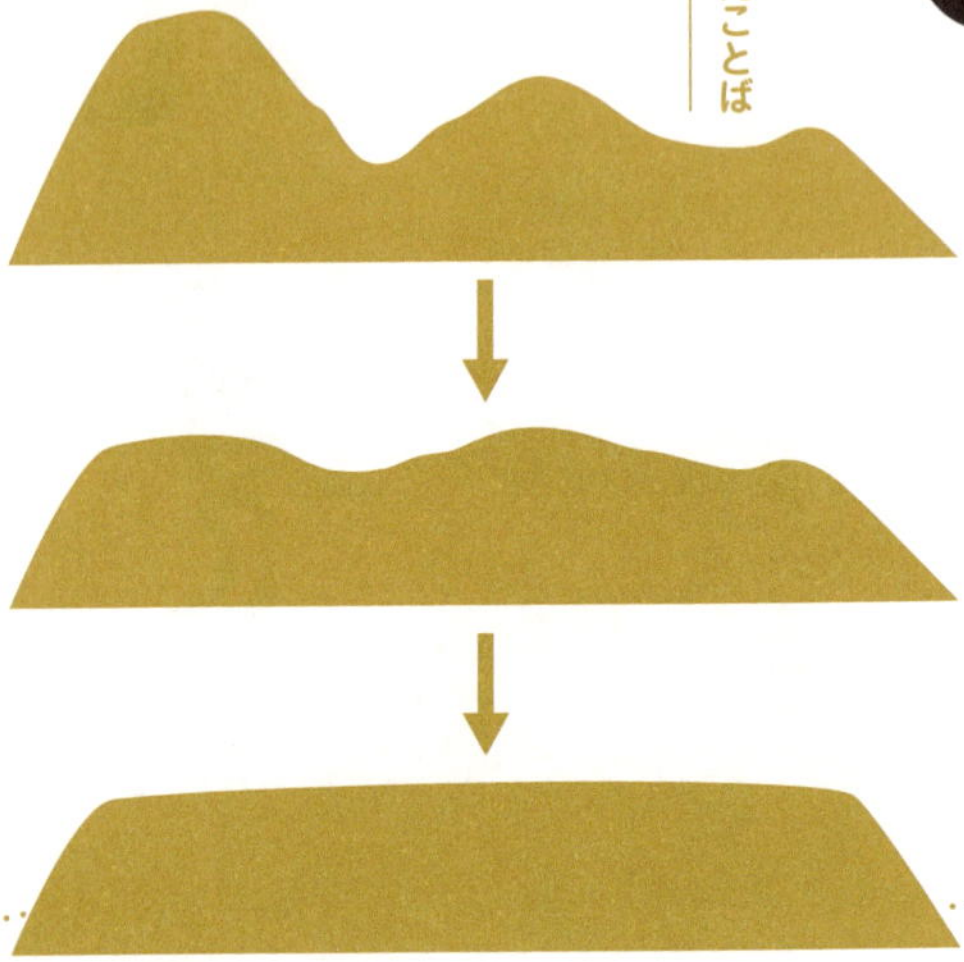

なりたち

均《キン》は、土《つち》と匀《キン》。「ひとしい（同《おな》じ）」という意味《いみ》の字《じ》だ。匀《キン》のなかの冫は、もとは二と書《か》いた。「同《おな》じ量《りょう》だよ」ということをあらわしている。

土（つちへん）は、土地《とち》をあらわしている。

均《キン》のもともとの意味《いみ》は、土地《とち》を平《たい》らにならすこと。

書き順　7画

一 十 土 圡 均 均 均

ことばの例

均等《きんとう》・均一《きんいつ》・均質《きんしつ》・均整《きんせい》・平均《へいきん》

訓よみ

音よみ　キン

禁

むかしの漢字

はやわかり　となえことば

林《はやし》のなかの 神聖《しんせい》な場所《ばしょ》は 立《た》ち入《い》り禁止《きんし》

なりたち

むかしから、木《き》がうっそうと生《お》いしげる林《はやし》や森《もり》は、神聖《しんせい》な場所《ばしょ》とされた。そして、そこには、人《ひと》がたやすく立《た》ち入《い》ることはできなかった。

禁《キン》は、林《はやし》と示《じ》をあわせた字《じ》。示《じ》は、神《かみ》をまつるためのつくえ（祭卓《さいたく》）の形《かたち》。

そのつくえ（示《じ》）をおいた、林《はやし》のなかの神聖《しんせい》な場所《ばしょ》が、禁《キン》。

書き順　13画

一 十 オ 木 木 朩 村 林 林 林 埜 埜 禁

ことばの例

禁止《きんし》・禁句《きんく》・禁物《きんもつ》・禁断《きんだん》・禁煙《きんえん》・解禁《かいきん》・厳禁《げんきん》・監禁《かんきん》

訓よみ

音よみ　ク

句

むかしの漢字

はやわかり　となえことば

体《からだ》をまげて　ほうむられる人《ひと》の形《かたち》が句《く》

なりたち

句《く》は、体《からだ》を曲《ま》げている死者《ししゃ》に、口（𠙵《サイ》＝いのりのことばを入《い》れる器《うつわ》）をそえた形《かたち》。絵《え》と、むかしの漢字《かんじ》を見《み》てね。死者《ししゃ》を埋葬《まいそう》するときのようすなんだ。

体《からだ》を曲《ま》げているので、句《く》は、「まがる」という意味《いみ》に使《つか》われた。

それがなぜ、「句読点《くとうてん》（点《てん》や丸《まる》）」の句《く》になったかというと、中国《ちゅうごく》では、もと、句読点《くとうてん》は曲《ま》がった形《かたち》の印《しるし》だったからだという。

書き順

ノ 勹 勹 句 句

5画

ことばの例

句読点《くとうてん》・句会《くかい》・文句《もんく》・語句《ごく》・禁句《きんく》・絶句《ぜっく》・節句《せっく》・俳句《はいく》

型

訓《くん》よみ　かた

音《おん》よみ　ケイ

はやわかり　となえことば

金属《きんぞく》の
いものを作《つく》る
型《かた》の文字《もじ》

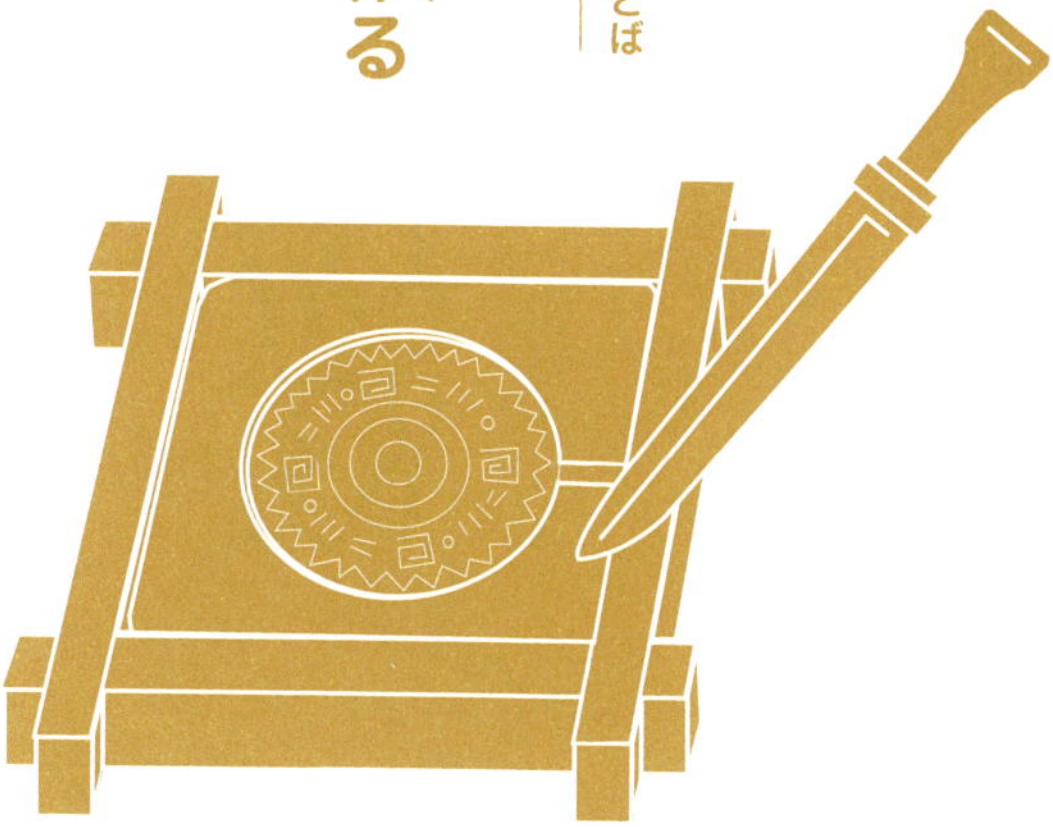

むかしの漢字

なりたち

金属《きんぞく》のうつわや道具《どうぐ》は、熱《ねつ》でとかした金属《きんぞく》を「かた」に流《なが》しこんで作《つく》る。

型《かた・ケイ》は、その「かた」をあらわした字《じ》。分解《ぶんかい》すると、幵《けい》と刂（りっとう）と土《つち》になるよ。

幵《けい》のもとの字《じ》は井《けい》で、「かた」の外《そと》わくの形《かたち》。そこに土《つち》をぬりかためて「かた」にする。

刂（りっとう）は刀《かたな》だよ。刃物《はもの》で形《かたち》を整《ととの》えたんだ。

書き順

一　二　チ　开　开　刑　型　型　型

9画《かく》

ことばの例

型紙《かたがみ》・型破《かたやぶ》り・大型《おおがた》・小型《こがた》・新型《しんがた》・血液型《けつえきがた》・体型《たいけい》・典型《てんけい》・模型《もけい》

訓よみ　へ-る・（た-つ）

経

音よみ　ケイ・（キョウ）

はやわかり　となえことば

布《ぬの》をおる
たて糸《いと》
あらわす
経《けい》の文字《もじ》

むかしの漢字

（經）

なりたち

経《へ-る・ケイ》のもともとの意味《いみ》は、布《ぬの》をおるはたおりの「たて糸《いと》」のこと。経《ケイ》の、もとの字《じ》は經。巠《（ケイ）》は、はたおりのたて糸《いと》の形《かたち》だよ。たて糸《いと》をピンと張《は》って、そこに一本《いっぽん》ずつ横糸《よこいと》を通《とお》して、布《ぬの》をおるんだ。

! 横糸《よこいと》をあらわす字《じ》は緯《い》。「経緯《けいい》」とは、ものごとのいきさつやすじみちをいうことば。

書き順　11画

く ㄠ 幺 糸 糸 糸 紀 紀 経 経 経

ことばの例

経験《けいけん》・経過《けいか》・経歴《けいれき》・経済《けいざい》・経営《けいえい》・経由《けいゆ》・経度《けいど》・神経《しんけい》・経典《きょうてん》・読経《どきょう》

訓よみ

潔

（いさぎよ-い）

音よみ

ケツ

むかしの漢字

はやわかり となえことば

おはらいをして 水《みず》で清《きよ》める 潔《けつ》の文字《もじ》

なりたち

潔《ケツ》は、清《きよ》らかなことや、すがすがしいことをあらわす字《じ》だ。もともとは、水《みず》ではらい清《きよ》めることをあらわした。

潔《ケツ》は、氵（さんずい）と絜《ケツ》。

絜《ケツ》は、おはらいのときに使《つか》う糸《いと》かざりをあらわす形《かたち》。

氵（さんずい）は、水《みず》だね。

書き順 15画

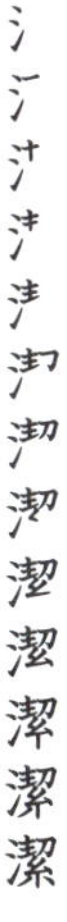

ことばの例

清潔《せいけつ》・不潔《ふけつ》・簡潔《かんけつ》・潔白《けっぱく》・潔癖《けっぺき》

訓よみ

音よみ

件

ケン

むかしの漢字

はやわかり　となえことば

人《ひと》と牛《うし》
あわせて
なぜか事件《じけん》の件《けん》

なりたち

件《ケン》は、「事件《じけん》」「条件《じょうけん》」とか「メッセージが一件《いっけん》」などと使《つか》われる字《じ》だ。

なぜ、それがイ（にんべん）と牛《うし》の字《じ》なのかは、よくわかっていない。

いまから三千三百年《さんぜんさんびゃくねん》ほどまえに、いまの漢字《かんじ》のもとができた。そのあと千《せん》年《ねん》、二千年《にせんねん》と、長《なが》い時間《じかん》をかけて、いくつもの新《あたら》しい文字《もじ》がつくられた。新《あたら》しくできた文字《もじ》には、なりたちがよくわからないものがある。件《ケン》も、そのひとつ。

書き順　6画

ことばの例

件数《けんすう》・条件《じょうけん》・用件《ようけん》・事件《じけん》・案件《あんけん》

訓よみ

険

けわーしい

音よみ

ケン

むかしの漢字

險（險）

はやわかり　となえことば

険《けわ》しい山《やま》の たいせつな場所《ばしょ》を まもる険《けん》

なりたち

険《けわーしい・ケン》の、もとの字は險。阝（こざとへん）と僉《セン》（㑒）だよ。

阝は、はしご（𨸏）の形《かたち》。神聖《しんせい》な場所《ばしょ》にたつはしごで、古代《こだい》の人《ひと》は、そこに天《てん》の神《かみ》がおりたつと考《かんが》えた。

そして、そうした場所《ばしょ》は、自然《しぜん》の地《ち》形《けい》のけわしいところだった。

険《ケン》は、けわしい山《やま》の神聖《しんせい》な場所《ばしょ》を守《まも》る儀式《ぎしき》をあらわした字《じ》。

書き順

11画

㇇ 了 阝 阝丿 阝𠆢 阝亼 阝会 阝合 阝侌 阝倹 険

ことばの例

険路《けんろ》・険悪《けんあく》・危険《きけん》・探険《たんけん》・冒険《ぼうけん》・保険《ほけん》

検

訓よみ

音よみ ケン

むかしの漢字

（檢）

はやわかり　となえことば

検査《けんさ》や点検《てんけん》
しらべる
ことを
あらわす検《けん》

なりたち

検《ケン》は、「しらべる」という意味《いみ》の字《じ》だ。もとの形《かたち》は檢。木（きへん）と僉《セン》（㑒）だよ。

僉《セン》は、二人《ふたり》の人《ひと》が、ならんでいのりをささげている形《かたち》。いのりをささげて、神《かみ》の考《かんが》えを試《ため》したり、調《しら》べたりしたのだという。

！ 験《けん》（4年生）や険《けん》（まえのページ）にも、㑒（僉）の形《かたち》があるよ。

書き順　12画

一 十 オ 木 木 朩 朩 朩 朩 枱 検 検

ことばの例

検査《けんさ》・検出《けんしゅつ》・検討《けんとう》・検問《けんもん》・検温《けんおん》・検察《けんさつ》・検定《けんてい》・点検《てんけん》・送検《そうけん》

限

訓よみ　かぎ-る

音よみ　ゲン

むかしの漢字

はやわかり　となえことば

はしごの前《まえ》で
にらまれて
ここが限界《げんかい》
ひきかえす

なりたち

限《かぎ-る・ゲン》の、むかしの漢字《かんじ》を見《み》てごらん。目《め》の下《した》に、後《うし》ろむきの人《ひと》（）がいる。まじないの目《め》ににらみつけられて、しりごみし、ひき返《かえ》すすがたなんだ。は、神聖《しんせい》な場所《ばしょ》にたつはしご。それが、阝（こざとへん）になった。限《ゲン》は、神聖《しんせい》な場所《ばしょ》にまじないの目《め》をかいてかかげ、これ以上《いじょう》この場所《ばしょ》に近《ちか》づくことはできない、限界《げんかい》だ、ということをあらわした形《かたち》。

書き順　9画

ことばの例

限定《げんてい》・限界《げんかい》・限度《げんど》・期限《きげん》・制限《せいげん》・有限《ゆうげん》・無限《むげん》・極限《きょくげん》・際限《さいげん》

訓よみ　あらわ-れる・あらわ-す

現

音よみ　ゲン

むかしの漢字　はやわかり　となえことば

玉《たま》の光《ひかり》に
すがたを現《あらわ》す
現《げん》の文字《もじ》

なりたち

現《あらわ-れる・ゲン》は、「あらわれる」という意味《いみ》の字《じ》だ。でも、もともとは、顕《ケン》という字《じ》が使《つか》われていた。顕《ケン》は、糸《いと》かざりをつけた宝玉《ほうぎょく》をおがむ形《かたち》の字《じ》で、そこに神《かみ》がたちあらわれることをあらわしている。顕《ケン》も現《ゲン》も、神《かみ》がたちあらわれるというのが、もともとの意味《いみ》。

書き順　11画

ことばの例

現在《げんざい》・現実《げんじつ》・現象《げんしょう》・現状《げんじょう》・現代《げんだい》・現地《げんち》・現場《げんば》・表現《ひょうげん》・実現《じつげん》・出現《しゅつげん》

訓よみ

減

へーる

音よみ

ゲン

むかしの漢字

はやわかり　となえことば

水《みず》をかけ
いのりの
ききめを
減《へ》らす減《げん》

なりたち

減《へーる・ゲン》は、「へる」「へらす」という意味《いみ》の字《じ》だ。氵（さんずい）と咸《カン》だよ。

咸《カン》は、いのりのことばを入《い》れた器《うつわ》の𠙵《サイ》（口）を、まさかり（戉《えつ》）で守《まも》っている形《かたち》。願《ねが》いごとをかたく守《まも》る形《かたち》だ。

減《ゲン》は、それに水《みず》をかけて、いのりのききめを減《へ》らすことをあらわしている。敵《てき》にたいするまじないだろうね。


！感《かん》の字《じ》にも、咸《カン》の形《かたち》があるよ。（3年生）

書き順　12画

ことばの例

減《へ》らず口《ぐち》・目減《めべ》り・減少《げんしょう》・減速《げんそく》・減量《げんりょう》・軽減《けいげん》・加減《かげん》・増減《ぞうげん》

故

訓よみ （ゆえ）

音よみ コ

むかしの漢字

はやわかり となえことば

だいじなうつわを わざと打《う》ちつけ こわす故《こ》だ

なりたち

故《コ》は、「事故《じこ》」の故《コ》。古《コ》と攵（むちづくり）の字《じ》だよ。

古《コ》は、いのりのことばを入《い》れた器《うつわ》の𠙵《サイ》（口）を、武器《ぶき》のたてで守《まも》る形《かたち》。

それをむち（攵）で打《う》ちすえるのが、故《コ》。

とてもたいせつなものがこわれるから、「事故《じこ》」の故《コ》なんだね。また、わざとすることを「故意《こい》」というよ。

書き順 9画

一 十 古 古 古 古 𢼄 故 故

ことばの例

故意《こい》・故障《こしょう》・故事《こじ》・故国《ここく》・故郷《こきょう》・故人《こじん》・事故《じこ》

訓よみ

音よみ コ

個

はやわかり　となえことば

イ《にんべん》に固《こ》の字《じ》をかいて　ひとつの個《こ》

なりたち

個《こ》は、「一個《いっこ》、二個《にこ》……」とか、「個《こ》人《じん》」などと使《つか》われる字《じ》だ。漢字《かんじ》が生《う》まれてから、だいぶあとになってつくられた文字《もじ》だから、「むかしの漢字《かんじ》」がない。

個《こ》は、イ（にんべん）と固《こ》。固《こ》は音《おん》をあらわす部分《ぶぶん》。個《こ》は、「ひとつ、ふたつ」と、分離《ぶんり》して数《かぞ》えられるものをあらわす。

書き順　10画

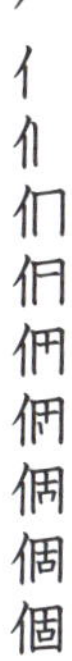

ことばの例

個人《こじん》・個体《こたい》・個性《こせい》・個別《こべつ》・個室《こしつ》・個展《こてん》・別個《べっこ》・一個《いっこ》

護

訓よみ （まも-る）

音よみ ゴ

むかしの漢字

はやわかり となえことば

鳥《とり》を手《て》に
うらないをして
身《み》をまもる
護《ご》

なりたち

古代《こだい》、鳥《とり》は神《かみ》の使《つか》いだと信《しん》じられていた。だから、人《ひと》びとは鳥《とり》を見《み》て、さまざまなことをうらなった。

護《ゴ》は、「鳥《とり》うらない」をして身《み》をまもることをあらわした字《じ》だ。

蒦は、とり（隹《すい》）を手《て》（又・ヨ）に持《も》つ形《かたち》。言（ごんべん）は、いのりのことばをあらわしている。

！進《しん》や集《しゅう》にも、とりの隹《すい》があるよ。32ページを見《み》てね。

書き順 20画

ことばの例

護衛《ごえい》・保護《ほご》・養護《ようご》・救護《きゅうご》・弁護《べんご》

訓よみ　きーく

音よみ　コウ

効

むかしの漢字

（效）

はやわかり　となえことば

もともとは
矢《や》を直《なお》すこと
効《き》きめの効《こう》

なりたち

効《きーく・コウ》は、交《こう》と力《りょく》。でも、もともとは、矢《や》＋攵《ぼく》だった。むかしの漢字《かんじ》（　）を見《み》ると、それがわかるよ。

効《コウ》のもとの形《かたち》（　＝效）は、曲《ま》がった矢《や》を、まっすぐに直《なお》す形《かたち》。

正《ただ》しい形《かたち》にすることから、「法則《ほうそく》」という意味《いみ》をあらわした。

やがて、法則《ほうそく》にならうことや、その「効果《こうか》（ききめ）」をあらわすようになった。

書き順

8画

ことばの例

効《き》き目《め》・効果《こうか》・効能《こうのう》・効率《こうりつ》・効力《こうりょく》・有効《ゆうこう》・無効《むこう》・速効《そっこう》・時効《じこう》

訓よみ　あつ-い

厚

音よみ　（コウ）

むかしの漢字

はやわかり　となえことば

ご先祖《せんぞ》に お酒《さけ》をそなえて 手厚《てあつ》くまつる

なりたち

厚《あつ-い・コウ》の、むかしの漢字《かんじ》を見《み》てごらん。先祖《せんぞ》をまつるお宮《みや》のなかに、香《かお》り酒《ざけ》をそなえている形《かたち》なんだ。㫗《（こう）》のむかしの形《かたち》は。日《ひ》や子《こ》ではなかったんだね。

厂（がんだれ）は、ここでは、お宮《みや》をあらわしている。

厚《コウ》は、おそなえをして、先祖《せんぞ》を手厚《てあつ》くまつることをあらわした字《じ》。

書き順　9画

ことばの例

厚着《あつぎ》・厚紙《あつがみ》・厚手《あつで》・厚意《こうい》・厚情《こうじょう》・厚顔《こうがん》・厚生《こうせい》・温厚《おんこう》・重厚《じゅうこう》・濃厚《のうこう》

訓よみ たがや-す

耕

音よみ コウ

むかしの漢字

はやわかり となえことば

すきを持《も》ち 田畑《たはた》を耕《たがや》す 耕《こう》の文字《もじ》

なりたち

耕《たがや-す・コウ》は、田畑《たはた》をたがやすことをあらわす字《じ》だよ。

耒《（すき）》は、すきを手《て》に持《も》つ形《かたち》。

井《セイ》は、音《おん》をあらわす部分《ぶぶん》。（井《セイ》は、もとは、ケイという音《おん》をあらわし、それがコウに変《か》わった。）

！田畑《たはた》をたがやす機械《きかい》を「耕耘機《こううんき》」というよ。耕《こう》は土《つち》をたがやすことで、耘《うん》は雑草《ざっそう》をとりのぞくこと。

書き順 10画

ことばの例

耕作《こうさく》・耕地《こうち》・耕具《こうぐ》・農耕《のうこう》・筆耕《ひっこう》

航

訓よみ

音よみ　コウ

むかしの漢字

(斻)

はやわかり　となえことば

まっすぐに
舟《ふね》がわたるよ
航《こう》の文字《もじ》

なりたち

航《コウ》は、舟《ふね》と亢《コウ》とに分《わ》けられる字《じ》。
舟《ふね》は、川《かわ》や海《うみ》をわたる「ふね」だね。
亢《コウ》は、人《ひと》の首《くび》や、丸木《まるき》のくいのように、太《ふと》くてまっすぐなことをあらわす。
航《コウ》のもともとの意味《いみ》は、水《みず》の上《うえ》を舟《ふね》でまっすぐにわたること。
いまは、航空機《こうくうき》が空《そら》をわたることにも使《つか》われる。

書き順　10画《かく》

航

ことばの例

航海《こうかい》・航空便《こうくうびん》・航行《こうこう》・航路《こうろ》・運航《うんこう》・出航《しゅっこう》・欠航《けっこう》

訓よみ

音よみ

鉱

コウ

はやわかり　となえことば

金属《きんぞく》を
つくる材料《ざいりょう》
鉱石《こうせき》の鉱《こう》

むかしの漢字

礦（鑛）

なりたち

鉱《コウ》とは、銅《どう》や鉄《てつ》などの金属《きんぞく》をつくる、そのもとになる岩石《がんせき》のこと。鉱石《こうせき》というよ。

その岩石《がんせき》を火《ひ》でとかして、よぶんなものをとりさって、金《きん》・銀《ぎん》・銅《どう》・鉄《てつ》などをとりだすんだ。

金属《きんぞく》をつくるもとだから、鉱《コウ》は金（かねへん）の字《じ》なんだね。広《コウ》は音《おん》をあらわす部分《ぶぶん》。鉱《コウ》の、もとの形《かたち》は鑛《コウ》。

書き順

ノ 𠆢 亼 亼 仐 仐 余 金 釒 釒 釒 鉱 鉱

13画

ことばの例

鉱物《こうぶつ》・鉱石《こうせき》・鉱脈《こうみゃく》・鉱山《こうざん》・鉱泉《こうせん》・金鉱《きんこう》・鉄鉱《てっこう》・炭鉱《たんこう》

訓よみ かま-える

音よみ コウ

構

むかしの漢字

はやわかり となえことば

木《き》を組《く》みあわせて 形《かたち》をつくる 構《こう》の文字《もじ》

なりたち

構《かま-える・コウ》は、木（きへん）と冓《コウ》。冓《コウ》（冓）は、組《く》みひも（かざりひも）を上下《じょうげ》にあわせた形《かたち》で、「組《く》みあわせること」をあらわす。絵《え》と、むかしの漢字《かんじ》を見《み》ると、よくわかるね。冓《コウ》に木《き》（きへん）をつけた構《コウ》は、木《き》を組《く》みあわせて、ものをつくること。

！講《こう》（84ページ）や再《さい》（91ページ）にも、組《く》みひもの形《かたち》があるよ。

書き順 14画

ことばの例

身構《みがま》え・心構《こころがま》え・構造《こうぞう》・構成《こうせい》・構図《こうず》・構想《こうそう》・構築《こうちく》・機構《きこう》

訓よみ

興

（おこ-る）

音よみ

コウ・キョウ

むかしの漢字

はやわかり　となえことば

同《どう》はさかずき
地《ち》の神《かみ》さまを
よびおこす
興《こう》

なりたち

興《コウ》の、むかしの漢字《かんじ》を見《み》てごらん。お酒《さけ》を入《い》れた器《うつわ》の（同《どう》）を持《も》っている形《かたち》なんだ。上《うえ》と下《した》から、手《て》が出《で》ているね。

大地《だいち》にお酒《さけ》をふりそそいで、地《ち》にやどる霊《れい》をよびおこす儀式《ぎしき》をあらわしている。

よびおこすことから、興《コウ》は、「おこる」「おこす」という意味《いみ》になった。

書き順

16画

ことばの例

興行《こうぎょう》・興業《こうぎょう》・興奮《こうふん》・興亡《こうぼう》・興味《きょうみ》・新興《しんこう》・復興《ふっこう》・一興《いっきょう》・即興《そっきょう》・余興《よきょう》

訓よみ

音よみ　コウ

講

むかしの漢字

はやわかり　となえことば

ひもをあんで　いくように　ことばを組《く》み立《た》て　つなぐ講《こう》

なりたち

講《コウ》は、言（ごんべん）と冓《コウ》。冓《コウ》（冓）は、組《く》みひも（かざりひも）を上下《じょうげ》に組《く》みあわせた形《かたち》で、「組《く》みあわせること」をあらわすよ。冓《コウ》に言（ごんべん）のついた講《コウ》は、ことばで二《ふた》つのものを結《むす》びつける形《かたち》。話《はな》す人《ひと》と聞《き》く人《ひと》が結《むす》びつくことだ。

！構《こう》（82ページ）や再《さい》（91ページ）も見《み》てね。

書き順　17画

ことばの例

講堂《こうどう》・講義《こうぎ》・講演《こうえん》・講習《こうしゅう》・講座《こうざ》・講談《こうだん》・講和《こうわ》・講師《こうし》・受講《じゅこう》

告

訓よみ　つ-げる

音よみ　コク

むかしの漢字

はやわかり　となえことば

小枝《こえだ》に𠙵《サイ》を
とりつけて
いのりのことばを
告《つ》げること

なりたち

告《つげる・コク》の、むかしの漢字《かんじ》を見《み》てごらん。いのりのことばを入《い》れたうつわの𠙵《サイ》（口）を、木《き》の枝《えだ》にとりつけた形《かたち》だよ。告《コク》は、それをかかげて、いのることをあらわした字《じ》。
神《かみ》に願《ねが》いをうったえて知《し》らせるので、「告《つ》げる」という意味《いみ》になった。

書き順

丿 𠂉 牛 生 牛 告 告

7画《かく》

ことばの例

お告《つ》げ・告《つ》げ口《ぐち》・告白《こくはく》・告知《こくち》・告示《こくじ》・告発《こくはつ》・広告《こうこく》・予告《よこく》・報告《ほうこく》・忠告《ちゅうこく》

訓よみ

まーじる・こーむ

混

音よみ

コン

むかしの漢字

はやわかり　となえことば

昆虫《こんちゅう》が
たくさん
集《あつ》まり
混《ま》じりあう

なりたち

混《まーじる・コン》は、氵（さんずい）と昆《コン》。「まじる」という意味《いみ》の字《じ》だ。昆《コン》は、音《おん》をあらわす部分《ぶぶん》。「昆虫《こんちゅう》」の昆《コン》だよ。混《コン》は、小《ちい》さな虫《むし》がむれているように、混《ま》じりあうことをあらわした字《じ》。水《みず》のような液体《えきたい》は混《ま》じりやすいから、氵（さんずい）なんだね。

書き順　11画

ことばの例

混《ま》ぜ物《もの》・混合《こんごう》・混入《こんにゅう》・混同《こんどう》・混乱《こんらん》・混迷《こんめい》・混雑《こんざつ》・混戦《こんせん》

サ

音よみが「サ行」の漢字

おもしろい漢字《かんじ》の話《はなし》❷

糸《いと》から布《ぬの》へ

綿《わた》などつむいで糸《いと》にして、糸《いと》まきにまいたり（紀《き》）、たばねたり（総《そう》・統《とう》）。お湯《ゆ》で練《ね》ってやわらかくして、そめればきれいな色《いろ》の糸《いと》。しばった根《ね》もとは白いまま（素《そ》）。水であらってよくしぼる（率《そつ》）。

（❸〜❺は、習《なら》う学年）

❺ 紀 キ

糸まき

❺ 綿 わた・メン

たばねる

❺ 総 ソウ

❺ 統 トウ

❸ 練 ね－る・レン

糸をねる

❺ 素 ソ

そめる

❺ 率 ソツ・リツ

たて糸《いと》（経《けい》）しっかり「はた」にかけ、よこ糸《いと》（緯《い》）とおして布《ぬの》を織《お》る。糸《いと》が切《き》れても（絶《ぜつ》）あきらめず、一だん一だん織《お》っていき（級《きゅう》）、完成《かんせい》したら糸《いと》を切《き》る（断《だん》）。くっきりもようの織物《おりもの》や、すかしおりの布《ぬの》（希《き》）ができました。

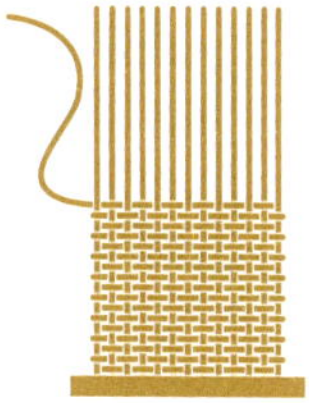

❸級　キュウ

たて糸

❺経（經）　ケイ

たつ

❺絶　ゼツ

❺断　ダン

おりもの

❺織　お-る・ショク

❹希　キ

❺布　ぬの・フ

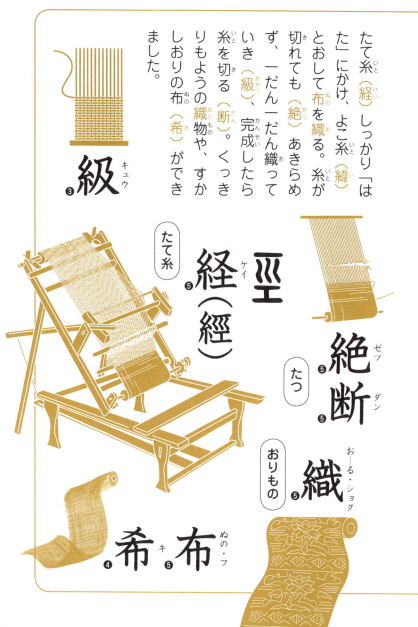

訓よみ

音よみ サ

査

はやわかり となえことば

もとは木《き》の名《な》
いまはしらべる
検《けん》査《さ》の査《さ》

なりたち

査《さ》は、「検査《けんさ》」や「審査《しんさ》」など、「しらべる」という意味《いみ》に使《つか》われる字《じ》だ。でも、もともとは木《き》の名前《なまえ》だったという。日本《にほん》ではこぼけとよばれる木《き》だ。この字《じ》ができてからずっとあとになって、「しらべる」という意味《いみ》に使《つか》われるようになった。
査《さ》は、木《き》と且《ソ》とに分《わ》けられる字《じ》。

書き順 9画

一 十 才 木 木 杏 杳 査 査

ことばの例

査定《さてい》・調査《ちょうさ》・検査《けんさ》・探査《たんさ》・捜査《そうさ》・審査《しんさ》・巡査《じゅんさ》

訓よみ

再

ふたた-び

音よみ

サイ・サ

むかしの漢字

はやわかり　となえことば

再《さい》の字《じ》は
行《い》って返《かえ》して
ひもをあむ形《かたち》

なりたち

再《ふたた-び・サイ》は、ひもをあむ形《かたち》からできた字《じ》だ。絵《え》と、むかしの漢字《かんじ》を見《み》ると、よくわかるね。

ひもをあんで、かざりに使《つか》ったんだ。「組《く》みひも」というよ。

再《サイ》は、あるところまであんでいったら、そこで折《お》り返《かえ》して、またあむことをあらわす形《かたち》。

そこから、再《サイ》は、「ふたたび」という意味《いみ》になった。

書き順　6画

一丆冂币再再

ことばの例

再度《さいど》・再現《さいげん》・再開《さいかい》・再会《さいかい》・再生《さいせい》・再建《さいけん》・再起《さいき》・再来《さいらい》・再来年《さらいねん》

災

訓よみ （わざわ－い）

音よみ サイ

むかしの漢字

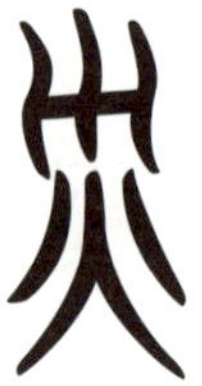

はやわかり　となえことば

火《ひ》がもえて　水《みず》が　あふれる　災害《さいがい》の災《さい》

なりたち

災《サイ》は、巛《（さい）》と火《ひ》をあわせた形《かたち》。巛《（さい）》は、川《かわ》の水《みず》があふれる形《かたち》で、洪水《こうずい》などの水害《すいがい》をあらわす。それに火《ひ》をくわえて、火災《かさい》（火事《かじ》）をあらわした字《じ》が、災《サイ》。いまは、火事《かじ》だけでなく、いろいろな自然災害《しぜんさいがい》や、災難《さいなん》（わざわい）をあらわす。

書き順　7画

ことばの例

災《わざわ》い・災害《さいがい》・災難《さいなん》・天災《てんさい》・火災《かさい》・震災《しんさい》・戦災《せんさい》・人災《じんさい》・防災《ぼうさい》・息災《そくさい》

訓よみ　つま

妻

音よみ　サイ

むかしの漢字

はやわかり　となえことば

けっこん式《しき》
かんざしをさした
すがたの妻《つま》

なりたち

妻《つま・サイ》は、けっこん式《しき》での女《おんな》の人《ひと》のすがたからできた字《じ》だよ。着《き》かざって、髪《かみ》にかんざしをさしている。妻《サイ》（ ）は、そのかんざしに手《て》（ ）をそえているすがた。

！夫《おっと》は、男《おとこ》の人《ひと》のけっこん式《しき》でのすがた。かんざしを一本《いっぽん》さしている。

夫《おっと》
（4年生）

書き順

一 ⺕ ⺕ 聿 妻 妻 妻 妻

8画

ことばの例

新妻《にいづま》・人妻《ひとづま》・妻子《さいし》・妻帯《さいたい》・夫妻《ふさい》

訓よみ とーる

採

音よみ サイ

はやわかり　となえことば

木《き》の実《み》や芽《め》
手《て》で
つみとるのが
採《さい》の文字《もじ》

なりたち

採《と－る・サイ》は、扌（てへん）と采《サイ》。
采《サイ》は、木《き》の芽《め》や実《み》を手《て》（⺤・爪）で
つまみとる形《かたち》。
採《サイ》は、それに、さらに手《て》（扌）をく
わえて、手《て》でとることをあらわした字《じ》。

！菜《さい》は、采《サイ》と艹（くさかんむり）で、野菜《やさい》を
あらわす。（4年生）

！彩《さい》は、采《サイ》と彡（さんづくり）で、草花《くさばな》から
とった色彩《しきさい》をあらわす。（184ページを見てね。）

書き順　11画

一 十 扌 扌 扌 扌 扌 扌 扌 採 採

ことばの例

採集《さいしゅう》・採取《さいしゅ》・採血《さいけつ》・採決《さいけつ》・採用《さいよう》・
採点《さいてん》・採算《さいさん》・伐採《ばっさい》

際

訓よみ （きわ）

音よみ サイ

むかしの漢字

はやわかり となえことば

際《さい》の字《じ》は
はしご（阝）の前《まえ》で
祭《まつ》るそのとき

なりたち

際《サイ》は、阝（こざとへん）と祭《さい》。「この際《さい》」の際《サイ》だよ。

阝は、神聖《しんせい》な場所《ばしょ》にたつはしご。

祭《さい》は、神《かみ》をまつるつくえ（示《じ》）に、肉《にく》（夕）をそなえる形《かたち》。

際《サイ》は、はしご（阝）のまえにおそなえをして、神《かみ》を祭《まつ》る形《かたち》の字《じ》。人《ひと》と神《かみ》とが出会《であ》う場所《ばしょ》、出会《であ》うときをあらわしている。

書き順

14画

阝 … 際

ことばの例

水際《みずぎわ》・窓際《まどぎわ》・間際《まぎわ》・手際《てぎわ》・際限《さいげん》・国際《こくさい》・交際《こうさい》・実際《じっさい》

訓よみ　あ-る

在

音よみ　ザイ

むかしの漢字

はやわかり　となえことば

とくべつな場所《ばしょ》のありかをしめす在《ざい》

なりたち

在《あ-る・ザイ》は、才《さい》に士《し》をあわせた字《じ》なんだ。

才《さい》は、「ここは神聖《しんせい》な場所《ばしょ》だぞ」としめす目印《めじるし》の形《かたち》。

士《し》は、武器《ぶき》のまさかりの形《かたち》で、ここでは、聖地《せいち》を守《まも》る意味《いみ》をあらわしている。

在《ザイ》は、神聖《しんせい》な場所《ばしょ》が「ここにある」ということをあらわした字《じ》だ。

書き順

一ナオ左存在　6画

ことばの例

在《あ》りか・在住《ざいじゅう》・在庫《ざいこ》・在校生《ざいこうせい》・存在《そんざい》・現在《げんざい》・不在《ふざい》・実在《じつざい》・健在《けんざい》・自由自在《じゆうじざい》

訓よみ

財

音よみ

ザイ・（サイ）

むかしの漢字

はやわかり　となえことば

貝《かい》のお金《かね》や
たからをあらわす
財《ざい》の文字《もじ》

なりたち

財《ザイ》は、貝《かい》と才《サイ》だよ。
貝《かい》は、お金《かね》やたからをあらわす形《かたち》。
才《サイ》は、ここでは音《おん》をあらわす部分《ぶぶん》。
財《ザイ》とは、財産《ざいさん》やたからもののこと。

「お金《かね》の貝《かい》」の話《はなし》が160ページにあるよ。

書き順

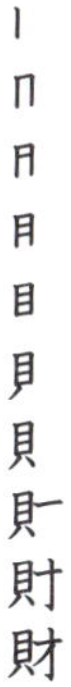

10画

ことばの例

財産《ざいさん》・財宝《ざいほう》・財政《ざいせい》・財源《ざいげん》・財団《ざいだん》・家財《かざい》・私財《しざい》・散財《さんざい》・文化財《ぶんかざい》・財布《さいふ》

訓よみ　つみ

罪

音よみ　ザイ

むかしの漢字

（辠）

はやわかり　となえことば

もとの字は　罪人《つみびと》にした　いれずみのこと

なりたち

罪《つみ・ザイ》は、「犯罪《はんざい》」の罪《ザイ》だね。

むかし、「つみ」をあらわすのには、辠《ザイ》という字《じ》が使《つか》われていた。辠《ザイ》の自《じ》ははなの形《かたち》で、辛《しん》は、大《おお》きなはり。犯罪者《はんざいしゃ》に入《い》れずみをすることをあらわす形《かたち》だ。

あとから、同《おな》じザイという音《おん》の罪《ザイ》を、「つみ」の意味《いみ》に使《つか》うようになったんだ。

書き順　13画

ことばの例

罪人《つみびと》・罪作《つみつく》り・罪滅《つみほろ》ぼし・罪悪《ざいあく》・犯罪《はんざい》・有罪《ゆうざい》・無罪《むざい》・断罪《だんざい》・謝罪《しゃざい》

訓よみ

殺

ころ-す

音よみ

サツ・（サイ）・（セツ）

むかしの漢字

はやわかり　となえことば

けものを
打《う》ちつけ
のろいを
はらった
殺《さつ》の文字《もじ》

なりたち

殺《ころ-す・サツ》の、むかしの漢字《かんじ》を見《み》てごらん。

左《ひだり》がわのは、たたりをなすけものの形《かたち》なんだ。右《みぎ》の殳（るまた）は、やりのような武器《ぶき》で打《う》ちつける形《かたち》。けものを打《う》ちつけるのが、殺《サツ》の字《じ》だ。

むかし、不吉《ふきつ》なけものを打《う》って、自分《じぶん》へののろいを弱《よわ》めるまじないがあったのだという。

殺《サツ》のもともとの意味《いみ》は、のろいをはらって、たたりをへらすこと。

書き順

10画《かく》

ことばの例

見殺《みごろ》し・殺気《さっき》・殺人《さつじん》・殺到《さっとう》・必殺《ひっさつ》・相殺《そうさい》・殺生《せっしょう》

訓よみ

雑

音よみ
ザツ・ゾウ

むかしの漢字

（雜）（襍）

はやわかり　となえことば

いろいろな
色《いろ》が集《あつ》まり
いりまじる
雑《ざつ》

なりたち

雑《ザツ》のなかの、隹《すい》と木《き》をあわせると、
集《しゅう》の字《じ》になるよ。
雑《ザツ》のもとの字《じ》は雜（襍）で、衣《ころも》と集《しゅう》
をあわせた字《じ》だった。
いろんな色《いろ》でそめた衣《ころも》を集《あつ》めたら、
色《いろ》とりどりだね。
雑《ザツ》は、いろいろなものがいりまじる
ことをあらわす字《じ》。

書き順

14画

ことばの例

雑音《ざつおん》・雑草《ざっそう》・雑種《ざっしゅ》・雑用《ざつよう》・雑談《ざつだん》・
雑煮《ぞうに》・混雑《こんざつ》・複雑《ふくざつ》・乱雑《らんざつ》

訓よみ

酸

（すーい）

音よみ

サン

はやわかり　となえことば

酸《す》っぱいことや
苦《くる》しいことを
あらわす酸《さん》

むかしの漢字

なりたち

酸《サン》は、むかしから、お酢《す》のすっぱい味《あじ》をあらわす字《じ》だった。
つらく苦《くる》しい思《おも》いをあらわすことばにも使《つか》われる。
酸《サン》は、酉《ゆう》と夋《シュン》。酉《ゆう》は、酒《さか》だるの形《かたち》。酸《サン》
すっぱい酢《す》はお酒《さけ》からつくるから、に酉《ゆう》の形《かたち》があるのかもしれないね。

書き順　14画

ことばの例

酸素《さんそ》・酸化《さんか》・酸欠《さんけつ》・酸味《さんみ》・酸性《さんせい》・炭酸《たんさん》・塩酸《えんさん》・乳酸《にゅうさん》・胃酸《いさん》・辛酸《しんさん》

訓よみ

音よみ　サン

賛

むかしの漢字

（贊）

はやわかり　となえことば

おそなえの
貝《かい》と
かんざし
賛《さん》の文字《もじ》

なりたち

賛《サン》の、むかしの漢字《かんじ》を見《み》てごらん。
兟は、二本《にほん》のかんざし（かみかざり）。
その下《した》は貝《かい》。
おいのりのために、おそなえの貝《かい》に、
かんざしをそえている形《かたち》なんだ。
賛《サン》（贊）は、そのいのりに神《かみ》さまが
賛成《さんせい》して、こたえてくれることをあら
わした字《じ》。

書き順　15画

賛

ことばの例

賛成《さんせい》・賛同《さんどう》・賛美《さんび》・賛助《さんじょ》・賛否《さんぴ》・
賛辞《さんじ》・絶賛《ぜっさん》・自賛《じさん》・賞賛《しょうさん》・協賛《きょうさん》

士

訓よみ

音よみ　シ

むかしの漢字

はやわかり　となえことば

まさかりの形《かたち》であらわす
戦《せん》士《し》の士《し》

なりたち

士《し》は、小《ちい》さなまさかりの刃《は》を下《した》にむけた形《かたち》の字《じ》。それで戦《せん》士《し》をあらわした。漢《かん》字《じ》をつくった人《ひと》たちは、儀《ぎ》式《しき》に使《つか》った武《ぶ》器《き》の形《かたち》で、王《おう》や戦《せん》士《し》の身《み》分《ぶん》をあらわしたんだよ。

！王《おう》（）は、大《おお》きなまさかりの刃《は》の形《かたち》からできた字《じ》。
仕《し》は、士《し》にイ（にんべん）で、王《おう》に「つかえる人《ひと》」をあらわした。

書き順
一十士
3画《かく》

ことばの例
士《し》官《かん》・士《し》気《き》・武《ぶ》士《し》・兵《へい》士《し》・学《がく》士《し》・博《はく》士《し》・栄《えい》養《よう》士《し》・飛《ひ》行《こう》士《し》・弁《べん》護《ご》士《し》

支

訓よみ　ささ-える

音よみ　シ

はやわかり　となえことば

十《じゅう》と又《また(ゆう)》
小枝《こえだ》を
手《て》に持《も》つ
形《かたち》の支《し》

むかしの漢字

なりたち

支《ささ-える・シ》は、「ささえる」という意味《いみ》の字《じ》だ。むかしの漢字《かんじ》を見《み》てごらん。木《き》の枝《えだ》を手《て》（ヨ・又）に持《も》つ形《かたち》だよ。支《し》は、枝《えだ》のもとの字《じ》なんだ。それで、川《かわ》の「支流《しりゅう》」など、「えだわかれ」という意味《いみ》にも使《つか》われる。

! 枝《えだ・シ》のなりたちは、107ページを見《み》てね。

書き順

一 十 ㇇ 支

4画

ことばの例

下支《したざさ》え・支持《しじ》・支給《しきゅう》・支援《しえん》・支払《しはら》い・支配《しはい》・支度《したく》・支部《しぶ》・支柱《しちゅう》・支障《ししょう》

史

訓よみ

音よみ
シ

むかしの漢字

はやわかり　となえことば

木《き》の枝《えだ》に
𠙵《サイ》をとりつけ
手《て》に持《も》つ史《し》

なりたち

史《シ》の、むかしの漢字《かんじ》を見《み》てごらん。いのりのことばを入《い》れたうつわの𠙵《サイ》を木《き》の枝《えだ》にとりつけ（中）、それを手《て》（又）で持《も》っている形《かたち》なんだ。これを神《かみ》にささげる祭《まつ》りを史《シ》といった。

やがて、祭《まつ》りをとりおこなう人《ひと》を史《シ》というようになり、祭《まつ》りのしかたを記録《ろく》したことから、「歴史《れきし》」の史《し》などに使《つか》われるようになった。

書き順　5画《かく》

丨 冂 口 中 史

ことばの例

史実《しじつ》・史上《しじょう》・史書《ししょ》・歴史《れきし》・日本史《にほんし》・世界史《せかいし》・女史《じょし》

志

訓よみ　こころざし・こころざーす

音よみ　シ

むかしの漢字

はやわかり　となえことば

志《し》の文字《もじ》は
心《こころ》がめざして
ゆくところ

なりたち

志《こころざし・シ》の、むかしの漢字《かんじ》を見《み》てごらん。上《うえ》の部分《ぶぶん》の㞢は、止《し》（または之《し》）。前《まえ》に向《む》いた足《あし》で、「進《すす》む」という意味《いみ》をあらわす。

それをかんたんに書《か》くために、いまは士《し》の形《かたち》になった。前向《まえむ》きの足《あし》に心《こころ》をくわえた志《シ》は、めざす方向《ほうこう》に進《すす》もうとする気持《きも》ちをあらわした字《じ》だ。

書き順　7画

一 十 士 士 志 志 志

ことばの例

志望《しぼう》・志願《しがん》・志向《しこう》・志気《しき》・意志《いし》・大志《たいし》・初志《しょし》・同志《どうし》・有志《ゆうし》・闘志《とうし》

枝

訓よみ　えだ

音よみ　（シ）

むかしの漢字

はやわかり　となえことば

支《し》の文字《もじ》に木《きへん》をつけて　枝《えだ》のこと

なりたち

「えだ」をあらわす字《じ》には、さいしょは支《シ》が使《つか》われていた。支《シ》が、枝《えだ・シ》のもとの字《じ》なんだ。

でも、支《シ》が「ささえる」「分《わ》ける」という意味《いみ》に使《つか》われるようになったので、木《き》の「えだ」をあらわす枝《えだ》の字《じ》がつくられた。

だから、枝《えだ・シ》は、木（きへん）と支《シ》。

! 支《し》のなりたちは、104ページを見《み》てね。

書き順

一 十 オ 木 朩 杧 杪 枝

8画

ことばの例

枝《えだ》ぶり・枝毛《えだげ》・枝豆《えだまめ》・枝葉末節《しようまっせつ》

師

訓よみ

音よみ　シ

むかしの漢字

はやわかり　となえことば

将軍《しょうぐん》や先生《せんせい》のこと　あらわす師《し》

なりたち

古代《こだい》の軍隊《ぐんたい》は、先祖《せんぞ》に肉《にく》をそなえて、勝利《しょうり》をいのりながら戦《たたか》った。そして、たいせつなその肉《にく》を切《き》ることができるのは、司令官《しれいかん》だけだった。

師《シ》は、その司令官《しれいかん》をあらわした字《じ》。𠂤《し》（）は肉《にく》で、帀《し》（）がナイフだ。

司令官《しれいかん》は、引退《いんたい》すると、氏族《しぞく》の教育《きょういく》係《がかり》をしたので、師《シ》は「せんせい」という意味《いみ》になったんだ。

書き順　10画

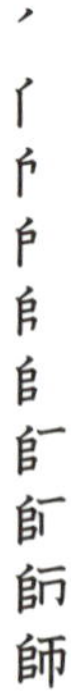

ことばの例

師弟《してい》・師走《しわす》・師匠《ししょう》・漁師《りょうし》・教師《きょうし》・医師《いし》・牧師《ぼくし》・講師《こうし》・恩師《おんし》・影法師《かげぼうし》

資

訓よみ

音よみ シ

むかしの漢字

はやわかり となえことば

商売《しょうばい》の もとでをあらわす 資《し》の文字《もじ》だ

なりたち

資《シ》のもともとの意味《いみ》は、仕事《しごと》や商売《しょうばい》を始《はじ》めるのに必要《ひつよう》なお金《かね》。「もとで」というよ。

資《シ》は、次《ジ》と貝《かい》とに分《わ》けられる字《じ》。貝《かい》はむかし、お金《かね》に使《つか》われた。次《ジ》は、ここでは、ただ音《おん》をあらわすだけの役目《やくめ》。

書き順 13画

資

ことばの例

資金《しきん》・資本《しほん》・資産《しさん》・資源《しげん》・資料《しりょう》・資質《ししつ》・資格《しかく》・出資《しゅっし》・物資《ぶっし》・投資《とうし》

訓よみ かーう

音よみ シ

飼

はやわかり となえことば

動物《どうぶつ》に
食《た》べものをあげて
飼《か》っている

なりたち

飼《かーう・シ》は、食（しょくへん）と司《シ》。動物《どうぶつ》を飼《か》うことをあらわす字《じ》だ。動物《どうぶつ》に食《た》べものをあげて、やしなうから、飼《シ》は、食（しょくへん）なんだね。司《シ》は、ここでは、シという音《おん》をあらわすだけの役目《やくめ》。

書き順 13画

ノ 𠆢 亽 今 今 今 食 食 飣 飣 飼 飼 飼

ことばの例

飼《か》い主《ぬし》・飼《か》い犬《いぬ》・放《はな》し飼《が》い・羊《ひつじ》飼《か》い・飼育《しいく》・飼料《しりょう》

訓よみ　しめ-す

示

音よみ　ジ・（シ）

はやわかり　となえことば

神《かみ》さまを　祭《まつ》る　つくえの　形《かたち》が示《じ》

むかしの漢字

なりたち

示《しめ-す・ジ》は、神《かみ》をまつるためのつくえ（祭卓《さいたく》）の形《かたち》からできた字《じ》だ。神《かみ》や祭《まつ》りについての漢字《かんじ》に、示《しめ-す》や、ネ（礻・しめすへん）が使《つか》われているよ。

！示《しめ-す》やネのつく字《じ》はたくさんあるよ。社《やしろ》、祭《まつ-り》、神《かみ》、礼《れい》、福《ふく》、祝《いわ-う》、禁《きん》（63ページ）、祖《そ》（147ページ）などだ。

書き順　5画

一　二　亍　亓　示

ことばの例

示談《じだん》・示唆《しさ》・指示《しじ》・表示《ひょうじ》・展示《てんじ》・明示《めいじ》・暗示《あんじ》・告示《こくじ》・提示《ていじ》・掲示板《けいじばん》

訓よみ にーる

音よみ (ジ)

似

むかしの漢字

はやわかり となえことば

農業《のうぎょう》を ついでゆく人《ひと》 似《に》ている人《ひと》

なりたち

「そっくり」とか「よくにてる!」とか言《い》うよね。似《にーる・ジ》は、「にる」という意《い》味《み》の字《じ》だ。

似《ジ》は、亻(にんべん)と以《イ》。

以《イ》は、農具《のうぐ》の形《かたち》からできた字《じ》だ。

亻(にんべん)は、人《ひと》だね。

似《ジ》は、むかし、「あとをつぐ」という意味《いみ》でも使《つか》われていた。

書き順

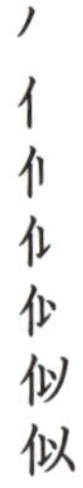

7画

ことばの例

似顔絵《にがおえ》・お似合《にあ》い・近似《きんじ》・類似《るいじ》・相似《そうじ》

訓よみ

識

音よみ

シキ

むかしの漢字

はやわかり　となえことば

ものごとを
はっきり見分《みわ》けて知《し》る識《しき》だ

なりたち

識《シキ》は、言（ごんべん）と戠《（ショク）》。

戠《（ショク）》は、武器《ぶき》の戈（ほこ）に赤《あか》いかざりをつけた形《かたち》で、「目印《めじるし》にする」という意味《いみ》をあらわすよ。

言（ごんべん）は、ことばだね。

識《シキ》は、ものごとをはっきり見分《みわ》けることや、知《し》ることをあらわす字《じ》だ。


！織《しょく》（133ページ）や職《しょく》（134ページ）にも、戠《（ショク）》の形《かたち》があるよ。

書き順　19画

言 言 言 訁 訁 訂 訂 訃 訃 諳 諳 諳 諳 諳 諳 識 識 識

ことばの例

識者《しきしゃ》・識別《しきべつ》・意識《いしき》・知識《ちしき》・博識《はくしき》・見識《けんしき》・常識《じょうしき》・認識《にんしき》・面識《めんしき》・標識《ひょうしき》

訓よみ

質

音よみ　シツ・（シチ）・（チ）

はやわかり　となえことば

二《ふた》つのおの（斤）で約束《やくそく》のことばをきざむ質《しつ》

むかしの漢字

かなえ

なりたち

むかし、祭《まつ》りに使《つか》う金属《きんぞく》の器《うつわ》（青銅器《せいどうき》）をつくるとき、そこに重要《じゅうよう》な約束《やくそく》の文字《もじ》をきざみこんだ。

質《シツ》は、斦《（ぎん）》と貝《かい》。斦《（ぎん）》は、おの（斤）が二《ふた》つある形《かたち》。貝《かい》は、ここでは、かなえという青銅器《せいどうき》をあらわす。

質《シツ》のもともとの意味《いみ》は、二《ふた》つのおの（斦《（ぎん）》）で、かなえに文字《もじ》をきざむこと。

！則《そく》も、かなえに文字《もじ》をきざむ形《かたち》（153ページ）。

書き順　15画

ことばの例

質問《しつもん》・質感《しつかん》・質量《しつりょう》・物質《ぶっしつ》・品質《ひんしつ》・性質《せいしつ》・体質《たいしつ》・本質《ほんしつ》・素質《そしつ》・人質《ひとじち》

訓よみ

舎

音よみ

シャ

むかしの漢字

（舎）

はやわかり　となえことば

もともとは
捨《す》てるという意味《いみ》
舎《しゃ》の文字《もじ》だ

なりたち

舎《シャ》の、むかしの漢字《かんじ》を見《み》てごらん。いのりのことばを入《い》れた器《うつわ》の𠙵《サイ》（口）に、とってのついた大《おお》きなはりをつきさしているんだ。

そうやって、いのりのききめをなくすことをあらわしている。

だから、舎《シャ》はさいしょ、「すてる」という意味《いみ》の字《じ》だった。捨《シャ》（すてる）のもとの字《じ》なんだ。

いまは、「校舎《こうしゃ》」や「宿舎《しゅくしゃ》」など、建物《たてもの》をあらわすのに使《つか》われる。

書き順　8画

ノ 入 亼 今 全 舍 舎 舎

ことばの例

校舎《こうしゃ》・宿舎《しゅくしゃ》・駅舎《えきしゃ》・牛舎《ぎゅうしゃ》・兵舎《へいしゃ》

謝

訓よみ （あやま-る）

音よみ シャ

むかしの漢字

はやわかり　となえことば

お別《わか》れの　ことばを言《い》って　たち去《さ》る　謝《しゃ》

なりたち

謝《シャ》のもともとの意味《いみ》は、お別《わか》れのことばを言《い》って、たち去《さ》ること。
謝《シャ》は、言（ごんべん）と射《シャ》。
射《シャ》は、弓《ゆみ》を「射《い》る」という字《じ》だけど、ここでは、音《おん》をあらわすだけの役目《やくめ》。
言（ごんべん）は、ことばをあらわす。
いまは、謝《シャ》は、「感謝《かんしゃ》」とか、「あやまる」という意味《いみ》にも使《つか》われる。

書き順

17画

ことばの例

平謝《ひらあやま》り・謝意《しゃい》・謝辞《しゃじ》・謝礼《しゃれい》・謝罪《しゃざい》・謝恩会《しゃおんかい》・感謝《かんしゃ》・深謝《しんしゃ》・陳謝《ちんしゃ》・月謝《げっしゃ》

授

訓よみ（さず-ける）

音よみ ジュ

はやわかり となえことば

扌《てへん》に受《じゅ》
授《さず》けることを
あらわす授《じゅ》

むかしの漢字

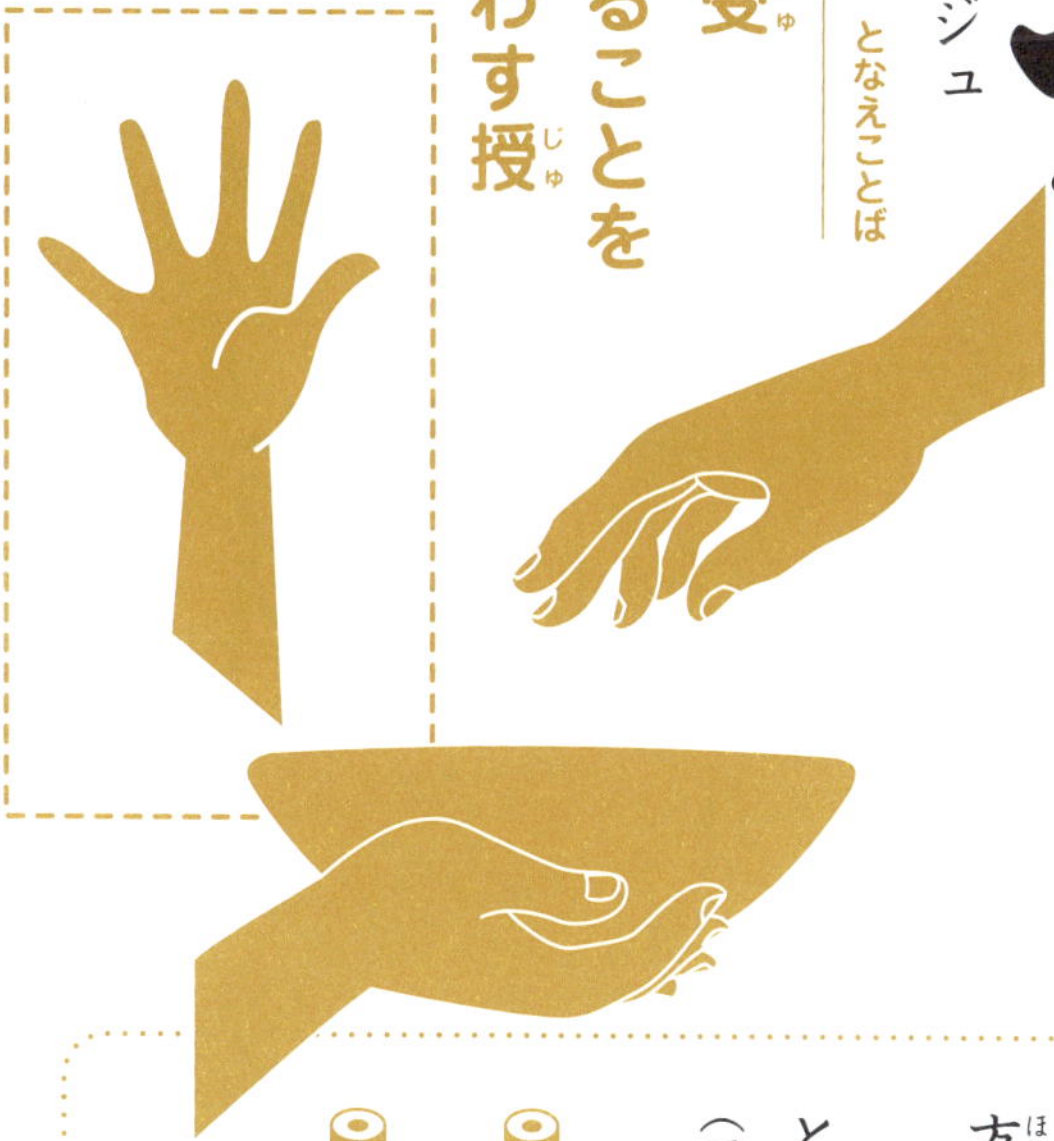

なりたち

授《ジュ》は、扌（てへん）と受《ジュ》だよ。「さずける（あたえる）」という意味《いみ》の字《じ》だ。受《ジュ》は、いれものに入《い》れて、手《て》から手《て》へものを受《う》けわたす形《かたち》。もともとは、受《ジュ》が、「さずける」と「うける」の両《りょう》方《ほう》の意味《いみ》で使《つか》われていた。やがて、「さずける」と「うける」とをべつべつにあらわすために、扌（てへん）をつけた授《ジュ》の字《じ》ができた。

書き順 11画

ことばの例

授《さず》かり物《もの》・授乳《じゅにゅう》・授賞《じゅしょう》・授業《じゅぎょう》・授受《じゅじゅ》・伝授《でんじゅ》・教授《きょうじゅ》

訓よみ　おさ-める

音よみ　シュウ・（シュ）

修

むかしの漢字

はやわかり　となえことば

身をきよめ
さわやかになる
形《かたち》の修《しゅう》

なりたち

修《おさーめる・シュウ》は、攸《ゆう》と彡《（さん）》をあわせた形《かたち》だよ。

攸《ゆう》は、人《ひと》のせなかに水《みず》をふりかけて、身《み》を清《きよ》めることをあらわす形《かたち》。「みそぎ」というよ。

彡《（さん）》は、美《うつく》しさをあらわす形《かたち》。ここでは、心身《しんしん》が清《きよ》らかになったことをしめしている。

修《シュウ》のもともとの意味《いみ》は、みそぎをして身《み》を清《きよ》めること。

（129ページの条《じょう》も見《み》てね。）

書き順　10画

ノ　イ　亻丨　亻丨ノ　亻丨ケ　亻丨攵　攸　修　修　修

ことばの例

修得《しゅうとく》・修練《しゅうれん》・修養《しゅうよう》・修学旅行《しゅうがくりょこう》・修行《しゅぎょう》・修理《しゅうり》・修正《しゅうせい》・修復《しゅうふく》・研修《けんしゅう》・必修《ひっしゅう》

述

訓よみ　の-べる

音よみ　ジュツ

はやわかり　となえことば

行《い》く道《みち》の安全《あんぜん》をいのるまじないが述《じゅつ》

むかしの漢字

なりたち

古代《こだい》の人《ひと》びとは、遠《とお》くへ行《い》くときには、うらないやまじないをしながら道《みち》を進《すす》んだ。

朮《じゅつ》は、まじないに使《つか》ったけものの形《かたち》。

辶（しんにょう）は、「道《みち》を行《い》く」という意味《いみ》をあらわす。

進《すす》むかどうか、道《みち》でうらなって決《き》めることを述《ジュツ》といった。

その結果《けっか》にしたがったので、「したがう」という意味《いみ》がある。述《ジュツ》にはいまは、ことばで述《の》べることに使《つか》われる。

書き順

一　十　才　木　术　术　沭　述

8画

ことばの例

述語《じゅつご》・記述《きじゅつ》・口述《こうじゅつ》・論述《ろんじゅつ》・供述《きょうじゅつ》

術

訓よみ（すべ）

音よみ ジュツ

むかしの漢字

はやわかり　となえことば

四《よ》つ角《かど》で
安全《あんぜん》をいのる
まじないが術《じゅつ》

なりたち

術《ジュツ》は、道路《どうろ》の四《よ》つ角《かど》でおこなった、まじない（呪術《じゅじゅつ》）をあらわした字《じ》だ。

術《ジュツ》は、行《こう》と朮《じゅつ》をあわせた形《かたち》。

行《こう》は、まちの十字路《じゅうじろ》だよ。朮《じゅつ》は、まじないに使《つか》ったけもの。

古代《こだい》、まちの四《よ》つ角《かど》で、さまざまな呪術《じゅじゅつ》をおこなったのだという。

術《ジュツ》のもともとの意味《いみ》は、まじないの「わざ」。

書き順 11画

ことばの例

術策《じゅっさく》・術中《じゅっちゅう》・技術《ぎじゅつ》・芸術《げいじゅつ》・美術《びじゅつ》・話術《わじゅつ》・手術《しゅじゅつ》・奇術《きじゅつ》・魔術《まじゅつ》・戦術《せんじゅつ》

訓よみ

準

音よみ ジュン

むかしの漢字

はやわかり となえことば

準《じゅん》の字《じ》は 水平《すいへい》をはかる 測定器《そくていき》

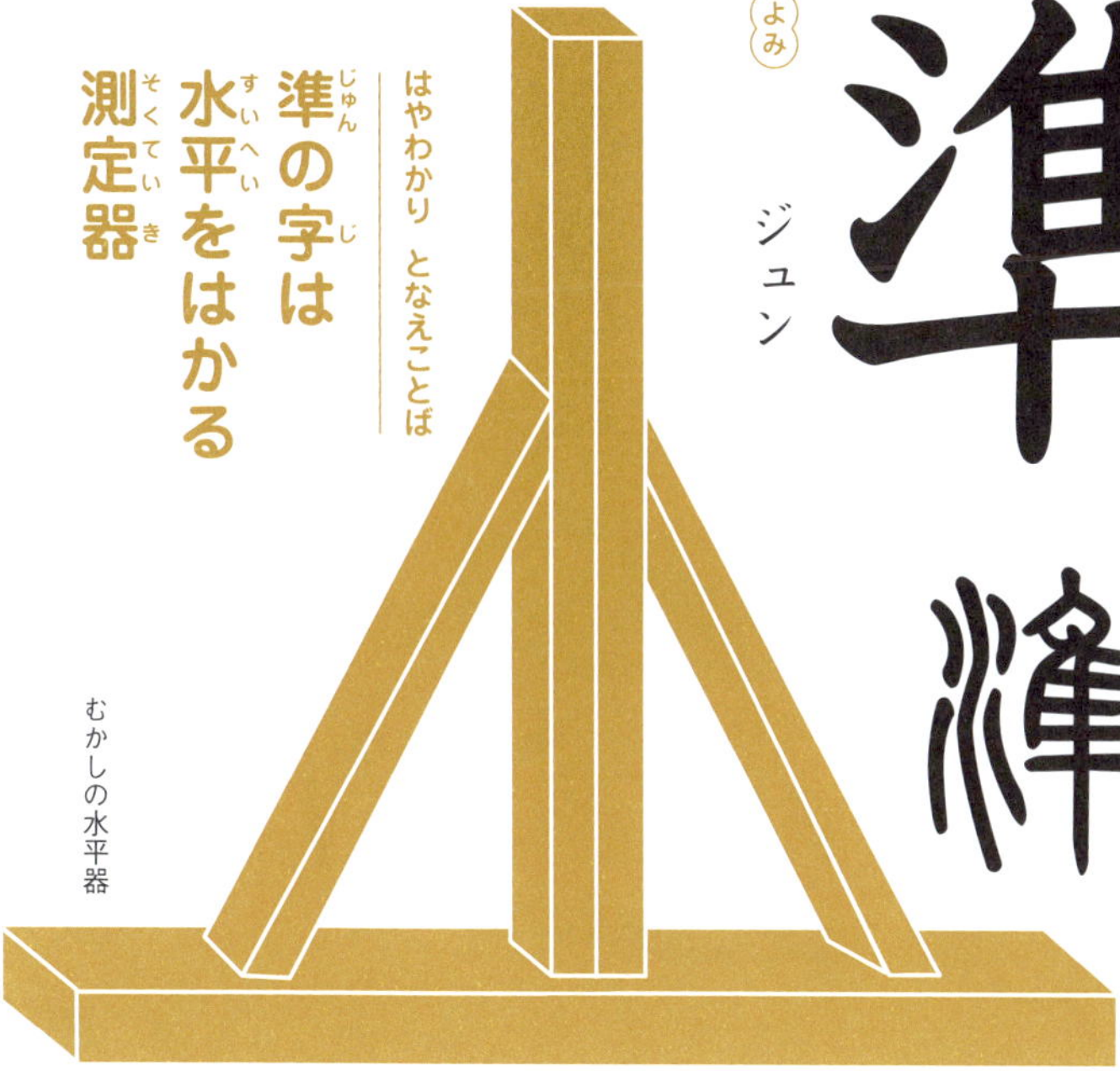

むかしの水平器

なりたち

準《ジュン》はもともと、水平《すいへい》（平《たい》らなこと）を測《はか》る道具《どうぐ》をあらわした。そこから、手本《てほん》になるものや、規則《きそく》などをあらわす字《じ》になった。

準《ジュン》は、氵（さんずい）と隼《シュン》。水面《すいめん》が平《たい》らに見《み》えることから、さんずいの字《じ》なのだろう。隼《シュン》は、音《おん》をあらわす部分《ぶぶん》。

！「規準《きじゅん》」の規《き》のなりたちは、コンパスだよ（51ページ）。

書き順 13画

ことばの例

準決勝《じゅんけっしょう》・準備《じゅんび》・基準《きじゅん》・標準《ひょうじゅん》・水準《すいじゅん》

訓よみ

序

音よみ

ジョ

はやわかり　となえことば

かたやねに　予《よ》の字《じ》をかいて　順序《じゅんじょ》の序《じょ》

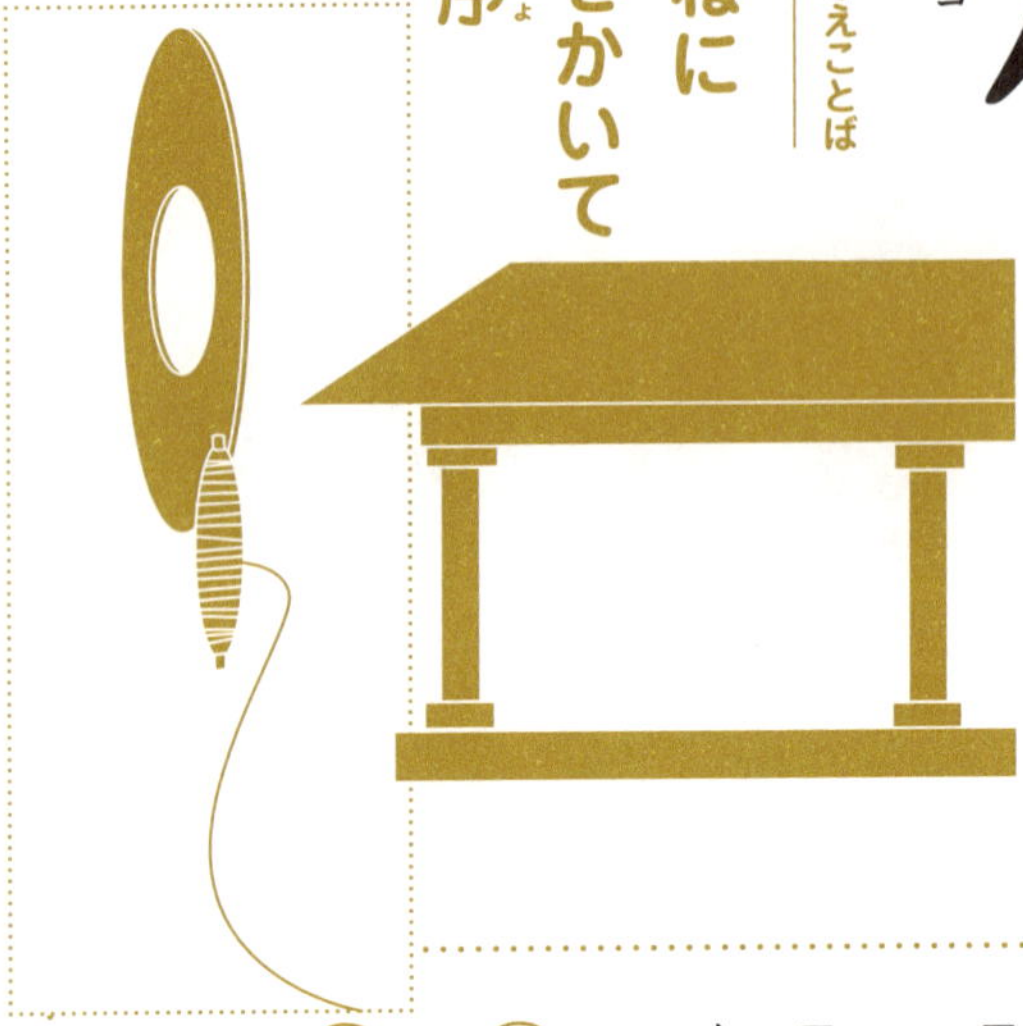

むかしの漢字

なりたち

序《ジョ》は、广（まだれ）と予《ヨ》。
广（まだれ）は、かたやねの形《かたち》。
予《ヨ》は、ここでは、はたおりの横糸《よこいと》を
通《とお》す道具《どうぐ》の形《かたち》。
順序《じゅんじょ》よく糸《いと》を通《とお》して布《ぬの》をおるから、
「順序《じゅんじょ》」の序《ジョ》なんだね。
また、古《ふる》くは、お堂《どう》のわきにある
「わたりろう下《か》」のような建物《たてもの》の部分《ぶぶん》
を序《ジョ》といった。

書き順　7画

丶 亠 广 户 户 庐 序

ことばの例

序章《じょしょう》・序曲《じょきょく》・序文《じょぶん》・序列《じょれつ》・序《じょ》の口《くち》・
序盤《じょばん》・順序《じゅんじょ》・秩序《ちつじょ》

招

訓よみ　まね-く

音よみ　ショウ

むかしの漢字

はやわかり　となえことば

神《かみ》さまを招《まね》くことからできた招《しょう》

なりたち

招《まねーく・ショウ》は、扌（てへん）と召《ショウ》。召《ショウ》は、いのりにこたえて、神《かみ》がおりてくることをあらわす形《かたち》。召《ショウ》が、招《ショウ》のもとの字《じ》なんだ。

召《ショウ》（　）の刀《かたな》は、もともとは人《ひと》の形《かたち》だった。口《こう》は曰《サイ》で、いのりのことばを入《い》れる器《うつわ》。

召《ショウ》に扌（てへん）をつけて、「まねく」ことをあらわしたのが、招《ショウ》。人《ひと》をよぶ手《て》の動作《どうさ》を「手招《てまね》き」というよ。

書き順　8画

一 十 扌 扌フ 扌刀 扌刀 招 招

ことばの例

手招《てまね》き・招待《しょうたい》・招集《しょうしゅう》・招来《しょうらい》・招致《しょうち》

おもしろい漢字《かんじ》の話《はなし》③

むかしの税《ぜい》

中国《ちゅうごく》でも、日本でも、古代《こだい》から税金《ぜいきん》はあった。

お米《こめ》などのこくもつや、糸《いと》を織《お》ってつくった織物《おりもの》などで、税《ぜい》（年貢《ねんぐ》）をおさめた。

責《せき》の形《かたち》が、むかしの税《ぜい》をあらわしているよ。

また、ものではなく、働《はたら》くこと（労役《ろうえき》）でおさめる税《ぜい》もあったんだ。

税《ゼイ》⑤

（141ページ）

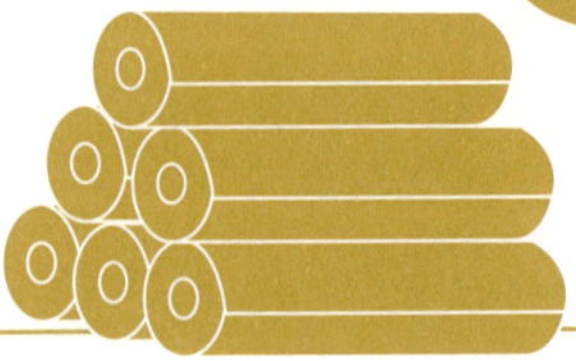

責

セキ・せ―める

❺

責《せき》は、むかしの税《ぜい》をあらわした字。おさめる税《ぜい》に、支配地《しはいち》の目《め》印《じるし》の木を立てた形《かたち》。（142ページ）

積

セキ・つ―む

❹

禾《か》＋責《せき》で積《せき》。お米《こめ》などのこくもつでおさめた税《ぜい》が、積《せき》。

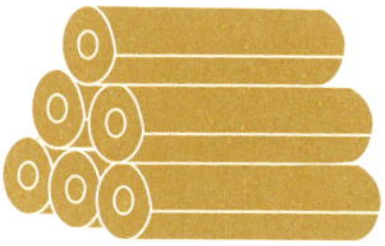

績

セキ

❺

糸《いと》＋責《せき》で績《せき》。織物《おりもの》でおさめた税《ぜい》が、績《せき》。（143ページ）

お米《こめ》などを積《つ》んでおさめたから、「つむ」という意味《いみ》になったんだね。織物《おりもの》の税《ぜい》が決《き》まりどおりにおさめられることを「成績《せいせき》」といい、決《き》まりどおりにおさめられないことを「不績《ふせき》」といった。

（❹と❺は、習《なら》う学年）

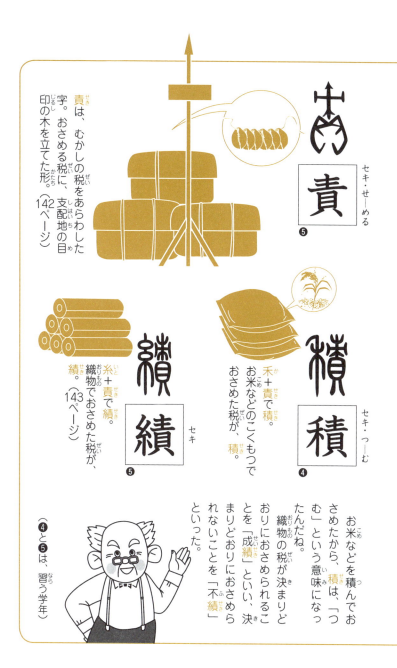

訓よみ （あかし）

音よみ ショウ

証

はやわかり となえことば

たしかに
こうだと
証明《しょうめい》すること
証《しょう》の文字《もじ》

むかしの漢字

（證）

なりたち

証《ショウ》は、「本当《ほんとう》のことだと明《あき》らかにする」という意味《いみ》の字《じ》。「証拠《しょうこ》」とか「証明《しょうめい》」などと使《つか》われる。

証《ショウ》の、もとの字《じ》は證。

言（ごんべん）は、ことばだね。

登《トウ》は、音《おん》をあらわす部分《ぶぶん》。（登《トウ》はチョウという音《おん》をあらわすことがあって、それがショウに変化《へんか》した。）

証《ショウ》は、いまは、言（ごんべん）に正《ショウ》と書《か》く字《じ》。

書き順 12画

ことばの例

証明《しょうめい》・証言《しょうげん》・証人《しょうにん》・証書《しょうしょ》・証拠《しょうこ》・保証《ほしょう》・確証《かくしょう》・検証《けんしょう》・立証《りっしょう》・心証《しんしょう》

訓よみ

象

音よみ　ショウ・ゾウ

はやわかり　となえことば

長《なが》いはな　大《おお》きな体《からだ》　象《ぞう》の文字《もじ》

むかしの漢字

なりたち

象《ショウ・ゾウ》は、ゾウのすがたからできた字《じ》。むかし、中国《ちゅうごく》には野生《やせい》の象《ぞう》がいた。いまから三千年《さんぜんねん》以上《いじょう》まえ、漢字《かんじ》ができた時代《じだい》、宮殿《きゅうでん》をつくる大《おお》きな工事《こうじ》に、象《ぞう》を使《つか》っていたという。

象《ショウ・ゾウ》は、動物《どうぶつ》のゾウのほかに、「すがた」や「ものの形《かたち》をうつしとること」という意味《いみ》にも使《つか》われる。

書き順　12画《かく》

ことばの例

象形文字《しょうけいもじ》・象徴《しょうちょう》・象牙《ぞうげ》・印象《いんしょう》・気象《きしょう》・対象《たいしょう》・アフリカ象《ぞう》

賞

訓よみ

音よみ　ショウ

むかしの漢字

はやわかり　となえことば

つぐないやほうびに貝《かい》をあげた賞《しょう》

なりたち

賞《ショウ》のむかしの漢字《かんじ》は、商《ショウ》と貝《かい》を上下《じょうげ》にあわせた字《じ》なんだ。

商《ショウ》（）のもともとの意味《いみ》は、ごほうびをあげたり、罰《ばつ》をあたえたりすること。

貝《かい》は、お金《かね》に使《つか》われたたからの貝《かい》。

賞《ショウ》のなりたちは、ごほうびやつぐない（うめあわせ）に、貝《かい》のお金《かね》をあげること。いまは、ごほうびの意味《いみ》にだけ使《つか》う。

書き順　15画《かく》

ことばの例

賞金《しょうきん》・賞状《しょうじょう》・入賞《にゅうしょう》・受賞《じゅしょう》・観賞《かんしょう》

訓よみ

音よみ ジョウ

条

むかしの漢字

（條）

はやわかり　となえことば

木《き》の枝《えだ》で
水《みず》
ふりかける
条《じょう》の文字《もじ》

なりたち

条《ジョウ》の、もとの字《じ》は條。攸《ゆう》と木《き》をあわせた形《かたち》だよ。攸《ゆう》は、人《ひと》（亻）のせなかに水《みず》をふりかけて、身《み》を清《きよ》めることをあらわす形《かたち》。「みそぎ」というよ。
このとき、木《き》の枝《えだ》や葉《は》で水《みず》をふりかけた。条《ジョウ》（條）は、その木《き》の枝《えだ》をあらわした字《じ》。

! 條《じょう》（条）は、攸《ゆう》と木《き》。修《しゅう》は、攸《ゆう》と彡《さん》（118ページ）。

書き順

ノ ク 夂 夂 夅 条 条

7画

ことばの例

条件《じょうけん》・条約《じょうやく》・第一条《だいいちじょう》・信条《しんじょう》・星条旗《せいじょうき》

訓よみ

音よみ

状

ジョウ

むかしの漢字

（狀）

はやわかり　となえことば

むかしの工事《こうじ》
犬《いぬ》をまよけにした
状《じょう》だ

なりたち

状《ジョウ》の、もとの字《じ》は狀。爿《(ショウ)》と犬《いぬ》だよ。爿《(ショウ)》は、版築《はんちく》という工事《こうじ》に使《つか》う板《いた》の形《かたち》。板《いた》と板《いた》のあいだに土《つち》を入《い》れて、つき固《かた》め、城壁《じょうへき》をつくった。状《ジョウ》（狀）は、いけにえの犬《いぬ》をささげて、版築工事《はんちくこうじ》をおこなうことからできた字《じ》。工事《こうじ》の「状況《じょうきょう》」（ようす、ありさま）という意味《いみ》だ。

書き順

丨 丬 丬 丬 丬 壮 状

7画

ことばの例

状態《じょうたい》・状勢《じょうせい》・状況《じょうきょう》・形状《けいじょう》・名状《めいじょう》・症状《しょうじょう》・別状《べつじょう》・白状《はくじょう》・礼状《れいじょう》・賞状《しょうじょう》

常

訓よみ つね・(とこ)

音よみ ジョウ

むかしの漢字

はやわかり となえことば

ぬの(巾)のはば 常《つね》に同《おな》じにしたのが常《じょう》

なりたち

常《つね・ジョウ》は、尚《ショウ》と巾《きん》とに分《わ》けられる字《じ》。

巾《きん》は「ぬの」をあらわす。

常《ジョウ》のもともとの意味《いみ》は、同《おな》じはばの布《ぬの》。衣裳《いしょう》をつくったり、旗《はた》をつくったりした布《ぬの》だ。

その布《ぬの》は、いつも同《おな》じはばにしていたので、常《ジョウ》は、「つね」という意味《いみ》になった。

尚《ショウ》は、音《おん》をあらわす部分《ぶぶん》。

書き順 11画

ことばの例

常《つね》に・常夏《とこなつ》・常識《じょうしき》・常習《じょうしゅう》・日常《にちじょう》・正常《せいじょう》・通常《つうじょう》・平常《へいじょう》・異常《いじょう》・非常《ひじょう》

訓よみ なさーけ

情

音よみ ジョウ・（セイ）

むかしの漢字

はやわかり となえことば

忄《りっしんべん》は心《こころ》だよ
うれしい悲《かな》しい
感情《かんじょう》の情《じょう》

なりたち

情《なさーけ・ジョウ》は、「感情《かんじょう》」の情《ジョウ》。人《ひと》の心《こころ》のはたらきをあらわす字《じ》だ。
情《ジョウ》は、忄（りっしんべん）と青《セイ》。
忄（りっしんべん）は心《こころ》だよ。
青《セイ》は、ここでは、音《おん》をあらわすだけの役目《やくめ》。（青《セイ》は、ショウやジョウという音《おん》をあらわすことがある。）

書き順 11画

ことばの例

情熱《じょうねつ》・情報《じょうほう》・感情《かんじょう》・表情《ひょうじょう》・友情《ゆうじょう》・愛情《あいじょう》・強情《ごうじょう》・同情《どうじょう》・事情《じじょう》・風情《ふぜい》

訓よみ　おーる

織

音よみ　（ショク）・シキ

むかしの漢字

はやわかり　となえことば

糸《いと》を織《お》り　きれいなもようの　織物《おりもの》だ

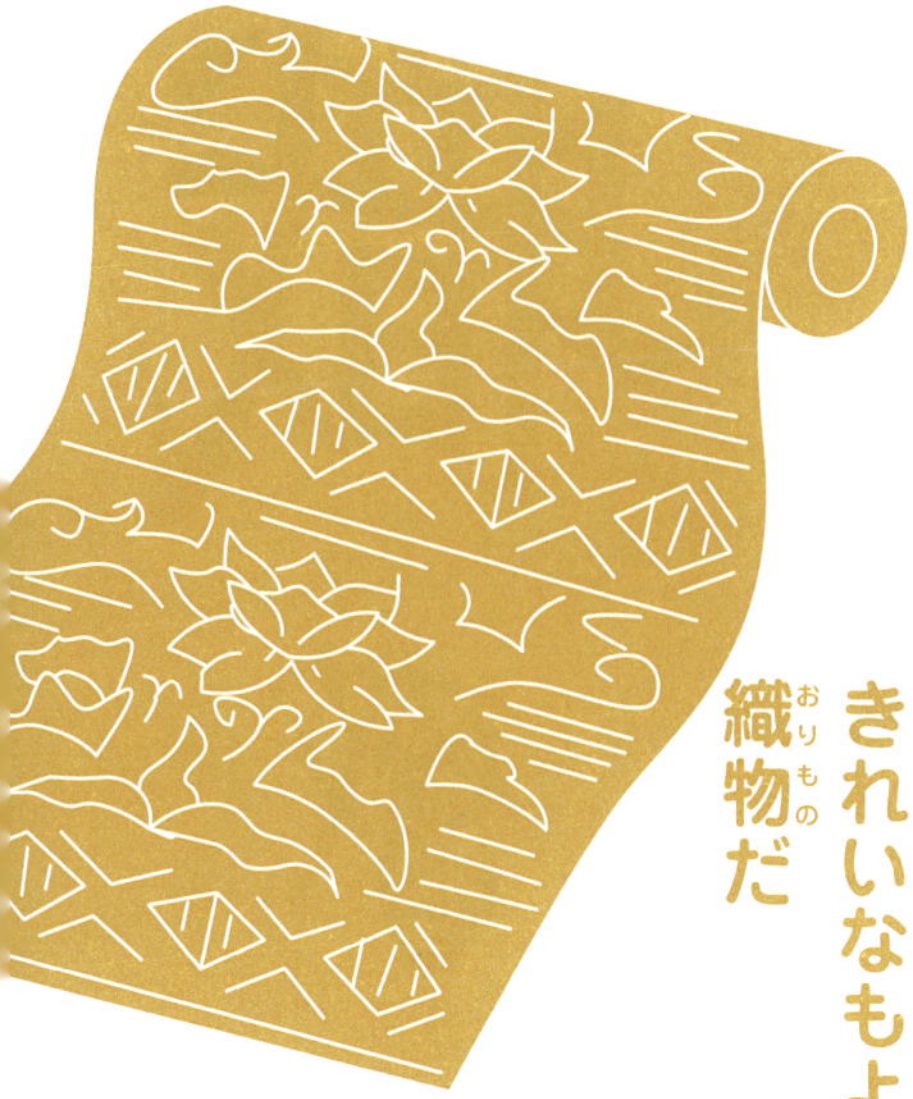

なりたち

織《おーる・シキ》は、糸（いとへん）と戠《ショク》。糸《いと》でおった「織物《おりもの》」をあらわす字《じ》だ。戠《ショク》は、戈（ほこ）にかざりをつけた形《かたち》で、「目印《めじるし》にする」という意味《いみ》をあらわすよ。

だから、織《シキ》は、織物《おりもの》のなかでも、とくに、はっきりとしたもようのある布《ぬの》をあらわした字《じ》だ。

! 識《しき》（113ページ）や職《しょく》（つぎのページ）も見《み》てね。

書き順　18画

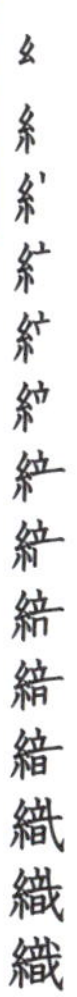

ことばの例

織《お》り目《め》・織物《おりもの》・機織《はたお》り・羽織《はおり》・組織《そしき》・染織《せんしょく》

訓よみ

職

音よみ　ショク

むかしの漢字

はやわかり　となえことば

**いくさの
てがら
耳《みみ》にしるしを
つけた職《しょく》**

なりたち

古代中国《こだいちゅうごく》のいくさでは、敵《てき》をうちとったしるしに耳《みみ》を取《と》り、その数《かず》で手《て》がらを決《き》めたのだという。取《と》った耳《みみ》の数《かず》を記録《きろく》する仕事《しごと》を、職《ショク》といった。

職《ショク》は、耳《みみ》と戠《(ショク)》。戠《(ショク)》は、目印《めじるし》をつけることをあらわす形《かたち》。

！戠《(ショク)》は、戈《(ほこ)》に目印《めじるし》のかざりをつけた形《かたち》。

書き順

18画

ことばの例

職人《しょくにん》・職業《しょくぎょう》・職場《しょくば》・職員《しょくいん》・就職《しゅうしょく》・本職《ほんしょく》・退職《たいしょく》・天職《てんしょく》

訓よみ

音よみ

制

セイ

はやわかり となえことば

のびた枝《えだ》
刀《かたな》(刂)で切《き》って
ととのえる
制《せい》

むかしの漢字

なりたち

制《セイ》の、むかしの漢字《かんじ》を見《み》てごらん。制《セイ》は、未《み》と刀《かたな》(刂)をあわせた形《かたち》なんだ。未《み》は、枝葉《えだは》がしげる木《き》の形《かたち》。それを刀《かたな》(刃物《はもの》)で切《き》るのが、制《セイ》。制《セイ》のもともとの意味《いみ》は、のびた枝《えだ》を切《き》って整《とと》えること。植木屋《うえきや》さんが「剪《せん》定《てい》(かりこみ)」をするのと同《おな》じだね。

！制《せい》に衣《ころも》をあわせて、製《せい》。140ページを見《み》てね。

書き順 8画

ノ 𠂉 ⺧ 𠂒 𠂒 朱 制 制

ことばの例

制度《せいど》・制作《せいさく》・制服《せいふく》・制限《せいげん》・制止《せいし》・制定《せいてい》・制圧《せいあつ》・節制《せっせい》・強制《きょうせい》・体制《たいせい》

性

訓よみ

音よみ セイ・(ショウ)

むかしの漢字

はやわかり となえことば

心《こころ》(忄)と生《せい》 もって生《う》まれた 性質《せいしつ》の性《せい》

なりたち

性《セイ》は、忄(りっしんべん)と生《セイ》。生《セイ》は、草木《くさき》の芽《め》が生《は》えてる形《かたち》。忄(りっしんべん)は心《こころ》だよ。

性《セイ》とは、人《ひと》やものごとに、草木《くさき》の芽《め》が自然《しぜん》に生《は》えてるように、もともとそなわっている性質《せいしつ》のこと。

！心《こころ》の字《じ》が左《ひだり》にかたよって、忄(りっしんべん)になった。

書き順 8画

丶 丷 忄 忄 忙 忤 性 性

ことばの例

性格《せいかく》・性質《せいしつ》・性能《せいのう》・性別《せいべつ》・性分《しょうぶん》・男性《だんせい》・女性《じょせい》・野性《やせい》・相性《あいしょう》・根性《こんじょう》

政

訓よみ（まつりごと）

音よみ セイ・（ショウ）

はやわかり となえことば

むちを持《も》ち
税《ぜい》をとるのが
政《せい》の文字《もじ》

むかしの漢字

なりたち

政《セイ》は、「政治《せいじ》」の政《セイ》。正《セイ》と攵（攴《ぼく》・むちづくり）の字《じ》だよ。

正《セイ》（正）は、まち（口）にむかって足《あし》（止）を進《すす》める形《かたち》で、敵《てき》の都市《とし》を征服《せいふく》することをあらわしている。

攵（攴《ぼく》）は、手《て》にむちを持《も》つ形《かたち》。

政《セイ》のもともとの意味《いみ》は、むちを持《も》って、征服《せいふく》した人《ひと》びとから税《ぜい》をとりたてること。

書き順 9画

一 丅 下 正 正 正 正 政 政

ことばの例

政治《せいじ》・政策《せいさく》・政府《せいふ》・政党《せいとう》・行政《ぎょうせい》・財政《ざいせい》・摂政《せっしょう》

勢

訓よみ　いきおーい

音よみ　セイ

むかしの漢字

はやわかり　となえことば

たがやして植《う》えた苗木《なえぎ》が育《そだ》つ勢《いきお》い

なりたち

勢《いきおーい・セイ》は、埶《げい》と力《りょく》をあわせた形《かたち》。埶《げい》は、人《ひと》が苗木《なえぎ》を植《う》える形《かたち》だよ。力《りょく》は、田畑《たはた》をたがやすすきの形《かたち》。土《つち》をしっかりたがやして、木《き》を植《う》えれば、その木《き》は自然《しぜん》の力《ちから》をもらって、よく育《そだ》つ。勢《セイ》は、その「いきおい」をあらわす字《じ》だ。

！熱《ねっ》や芸《げい》（藝）にも、埶《げい》があるよ。（4年生）

書き順

13画

ことばの例

勢力《せいりょく》・勢《せい》ぞろい・姿勢《しせい》・情勢《じょうせい》・優勢《ゆうせい》・気勢《きせい》・加勢《かせい》・国勢《こくせい》・大勢《おおぜい》

訓よみ

音よみ

セイ・（ショウ）

精

むかしの漢字

精

はやわかり　となえことば

とれたお米《こめ》のきれいなことをあらわす精《せい》

なりたち

稲穂《いなほ》（イネの穂《ほ》）にみのった実《み》の皮《かわ》（もみ）をとると、玄米《げんまい》になる。玄米《げんまい》から白米《はくまい》にすることを、「精白《せいはく》」や「精米《せいまい》」というよ。

精《セイ》は、米《こめ》＋青《セイ》。お米《こめ》などのこくもつの美《うつく》しさをあらわした字《じ》だ。

！晴《せい》や清《せい》にも、青《セイ》の形《かたち》がある。どちらも、きよらかにすみきったようすだね。

書き順

14画

ことばの例

精米《せいまい》・精神《せいしん》・精力《せいりょく》・精気《せいき》・精密《せいみつ》・精製《せいせい》・精算《せいさん》・精《せい》いっぱい・精進《しょうじん》

訓よみ

製

音よみ

セイ

むかしの漢字

はやわかり　となえことば

布《ぬの》をたち　衣《ころも》をつくる　製《せい》の文字《もじ》

なりたち

製《セイ》は、制《セイ》と衣《ころも》とに分《わ》けられる字《じ》。制《セイ》は音《おん》をあらわす部分《ぶぶん》で、のびた木《き》の枝《えだ》を切《き》って整《ととの》える形《かたち》なんだ。衣《ころも》は、衣服《いふく》（着《き》るもの）のこと。だから、製《セイ》のもともとの意味《いみ》は、布《ぬの》を切《き》って衣服《いふく》をつくること。いまは、いろいろなものをつくることに使《つか》われる。

！制《せい》のなりたちは、135ページを見《み》てね。

書き順　14画

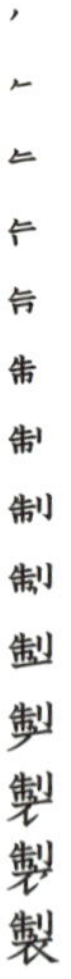

ことばの例

製造《せいぞう》・製作《せいさく》・製品《せいひん》・製薬《せいやく》・手製《てせい》・特製《とくせい》・複製《ふくせい》・精製《せいせい》・官製《かんせい》はがき

訓よみ

音よみ

ゼイ

税

はやわかり　となえことば

こくもつで おさめた税《ぜい》をあらわす 税《ぜい》

むかしの漢字

なりたち

税《ゼイ》は、「税金《ぜいきん》」の税《ゼイ》だね。
むかしの税《ぜい》（年貢《ねんぐ》）は、お米《こめ》などの
こくもつや、織物《おりもの》などでおさめた。
だから、税《ゼイ》の字《じ》は、イネの形《かたち》の禾
（のぎへん）なんだ。
兑《ダ》（兊《ダ》）は、音《おん》をあらわす部分《ぶぶん》。
（兊《ダ》は、あわせ漢字《かんじ》のなかでは、ゼイという音《おん》
をあらわすことがある。）

書き順

12画

ことばの例

税金《ぜいきん》・税関《ぜいかん》・税率《ぜいりつ》・税理士《ぜいりし》・消費税《しょうひぜい》・納税《のうぜい》・増税《ぞうぜい》・減税《げんぜい》・脱税《だつぜい》・関税《かんぜい》

訓よみ せ-める

責

音よみ セキ

むかしの漢字

はやわかり となえことば

もともとは 税金《ぜいきん》の意味《いみ》 責《せき》の文字《もじ》

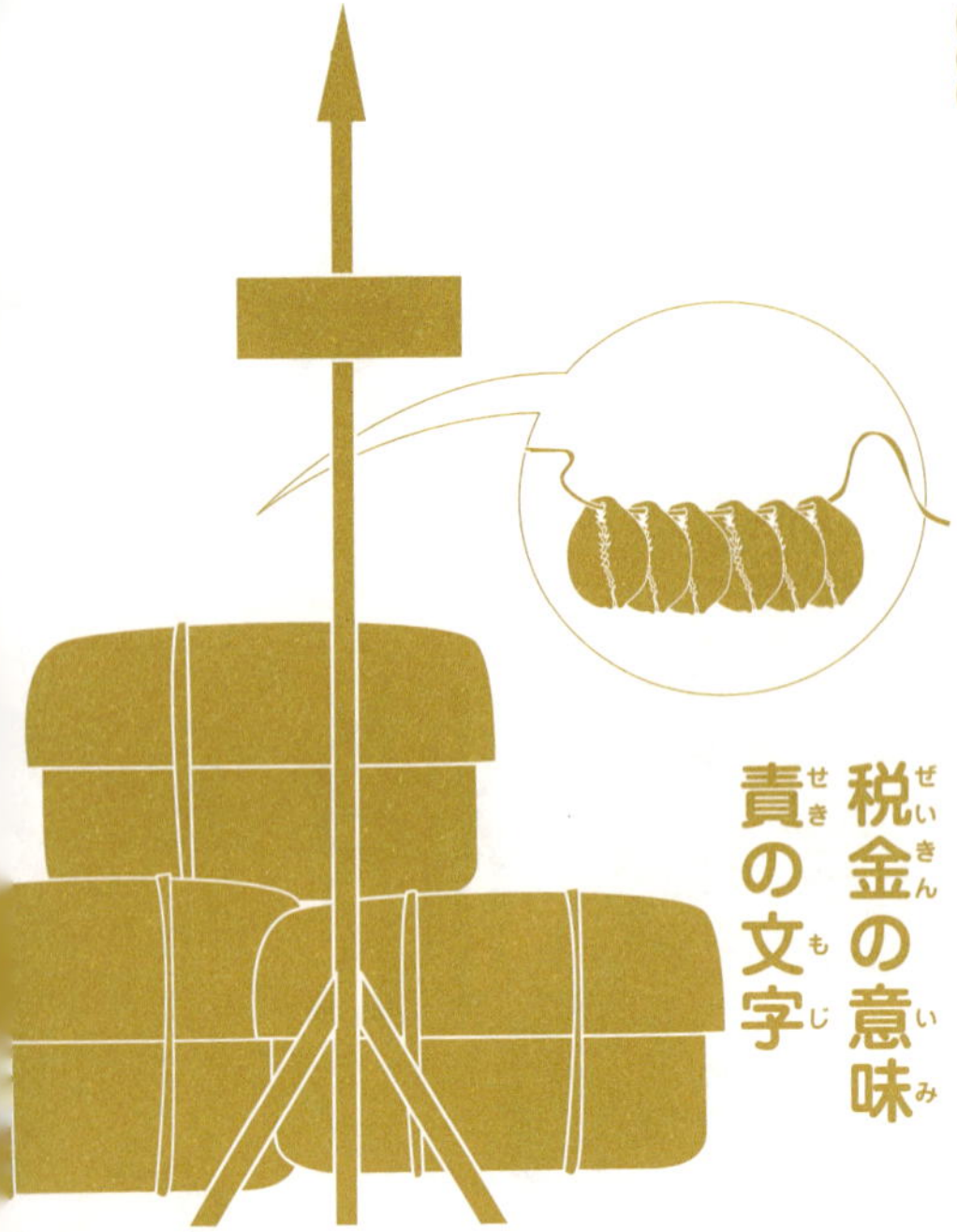

なりたち

責《せーめる・セキ》は、むかしの税金《ぜいきん》をあらわす字《じ》だ。むかしの漢字《かんじ》を見《み》てごらん。お金《かね》の貝《かい》（）の上《うえ》に、目印《めじるし》をたてている。これは、支配地《しはいち》にたてた目《め》印《じるし》の木《き》なんだ。責《せき》は、支配地《しはいち》の税《ぜい》をあらわした字《じ》。

！こくもつでおさめる税《ぜい》は、積《せき》。織物《おりもの》でおさめる税《ぜい》は、績《せき》。124ページに「むかしの税《ぜい》」の話《はなし》があるよ。

書き順 11画

一 十 キ 主 丰 青 青 青 青 青 責

ことばの例

責任《せきにん》・責務《せきむ》・重責《じゅうせき》・自責《じせき》・職責《しょくせき》

訓よみ

績

音よみ　セキ

むかしの漢字

なりたち

績《セキ》は、糸（いとへん）と責《セキ》。責《セキ》は、税《ぜい》をおさめることをあらわす字《じ》（まえのページを見《み》てね）。糸《いと》は、ここでは織物《おりもの》をあらわすよ。績《セキ》のもともとの意味《いみ》は、税《ぜい》としておさめる織物《おりもの》のこと。

はやわかり　となえことば

織物《おりもの》でおさめた税《ぜい》を　あらわす績《せき》

書き順　17画

ことばの例

功績《こうせき》・成績《せいせき》・実績《じっせき》・業績《ぎょうせき》・紡績《ぼうせき》

接

訓よみ（つーぐ）

音よみ　セツ

むかしの漢字

はやわかり　となえことば

会《あ》うことや つながることを あらわす接《せつ》

なりたち

接《セツ》は、まじわることやくっつくこと、近《ちか》づくことなどに使《つか》われる字《じ》だ。
接《セツ》は、扌（てへん）と妾《ショウ》。
妾《ショウ》は、古代《こだい》、神《かみ》につかえた女《おんな》の人《ひと》をあらわす。
神《かみ》につかえて、接《せっ》すること（近《ちか》づきふれること）というのが、接《セツ》のもともとの意味《いみ》だ。
扌（てへん）は、手《て》の動作《どうさ》をあらわしているのだろうね。

書き順

11画

一 ナ 才 扌 扌 扩 护 拧 接 接 接

ことばの例

接《つ》ぎ木《き》・接着《せっちゃく》・接近《せっきん》・接続《せつぞく》・接客《せっきゃく》・接戦《せっせん》・面接《めんせつ》・応接《おうせつ》・直接《ちょくせつ》・密接《みっせつ》

訓よみ　もう-ける

音よみ　セツ

設

むかしの漢字

はやわかり　となえことば

祭《まつ》りやぎしきの場所《ばしょ》を設《もう》ける　設《せつ》の文字《もじ》

なりたち

設《もうーける・セツ》は、言《ゲン》（ごんべん）と殳《（しゅ）》だよ。

言は、神《かみ》へのちかいのことば。

殳《（しゅ）》は、ここでは、まじないの羽《はね》かざりを持《も》つ形《かたち》。

だから、設《セツ》は、ちかいの儀式《ぎしき》のようすをあらわす形《かたち》だ。そこから、儀式《ぎしき》や祭《まつ》りの場《ば》を用意《ようい》する（設定《せってい》する）という意味《いみ》になった。

書き順

、 亠 亠 亖 言 言 言 言 訉 設 設

11画

ことばの例

設計《せっけい》・設定《せってい》・設立《せつりつ》・設置《せっち》・設営《せつえい》・設備《せつび》・建設《けんせつ》・開設《かいせつ》・創設《そうせつ》・施設《しせつ》

訓よみ　たーつ・たーえる

絶

音よみ　ゼツ

むかしの漢字

はやわかり　となえことば

はたおりの　糸《いと》が切《き》れてる　絶《ぜつ》の文字《もじ》

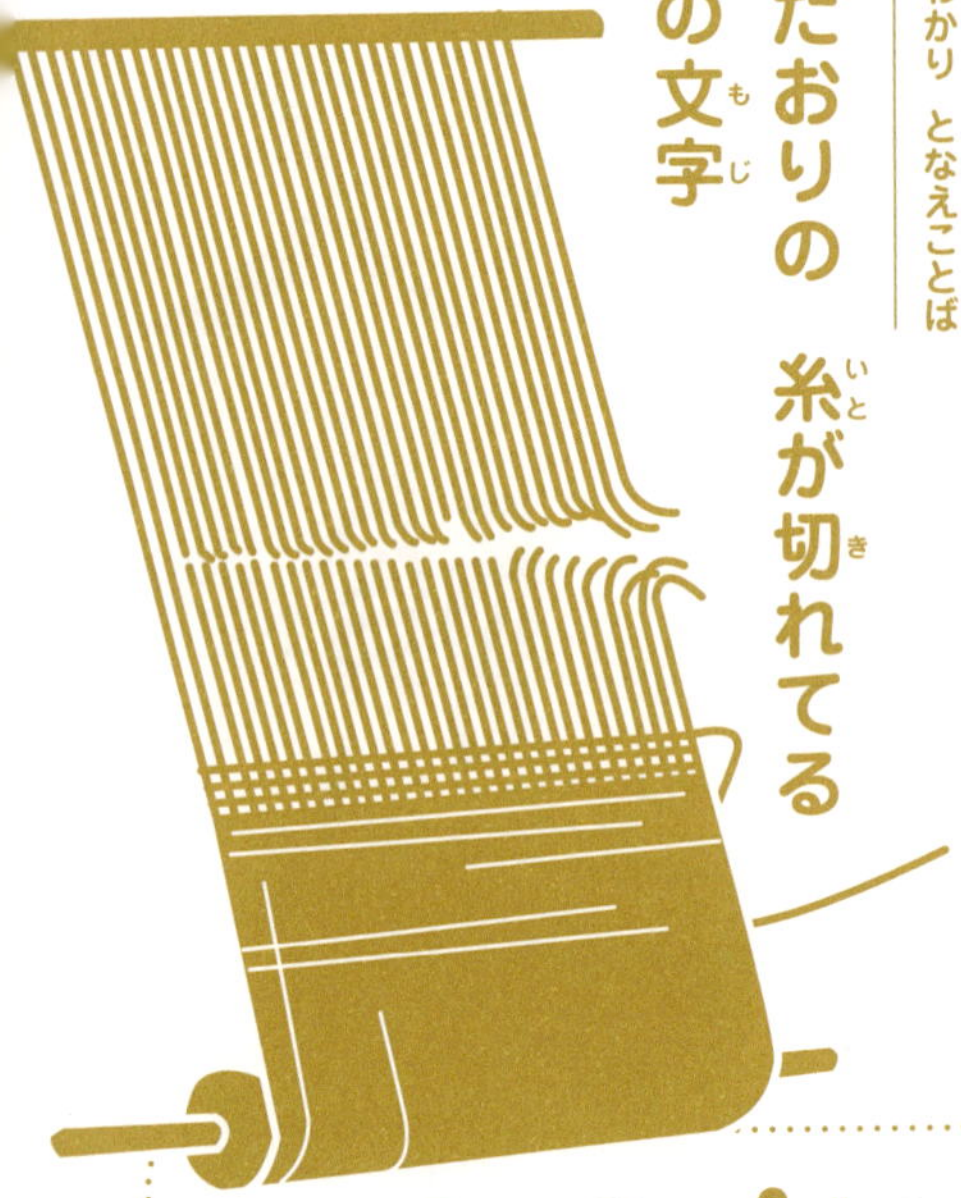

なりたち

絶《たーつ・ゼツ》の、むかしの漢字《かんじ》を見《み》てごらん。絵《え》と見《み》くらべると、なりたちがわかってくるよ。

絶《ゼツ》は、はたおりの糸《いと》が切《き》れている形《かたち》なんだ。いまは糸（いとへん）に色《いろ》と書《か》く字《じ》だけど、もとはと書《か》いた。

絶《ゼツ》は、「つづいていたものが切《き》れる」という意味《いみ》の字《じ》だ。

！断《たーつ》のなりたちも見《み》てね（165ページ）。

書き順　12画

ことばの例

絶《た》え間《ま》・絶食《ぜっしょく》・絶交《ぜっこう》・絶望《ぜつぼう》・絶品《ぜっぴん》・絶好《ぜっこう》・絶対《ぜったい》・根絶《こんぜつ》・断絶《だんぜつ》・気絶《きぜつ》

訓よみ

祖

音よみ

ソ

はやわかり　となえことば

おそなえの 台《だい》であらわす 先祖《せんぞ》の祖《そ》

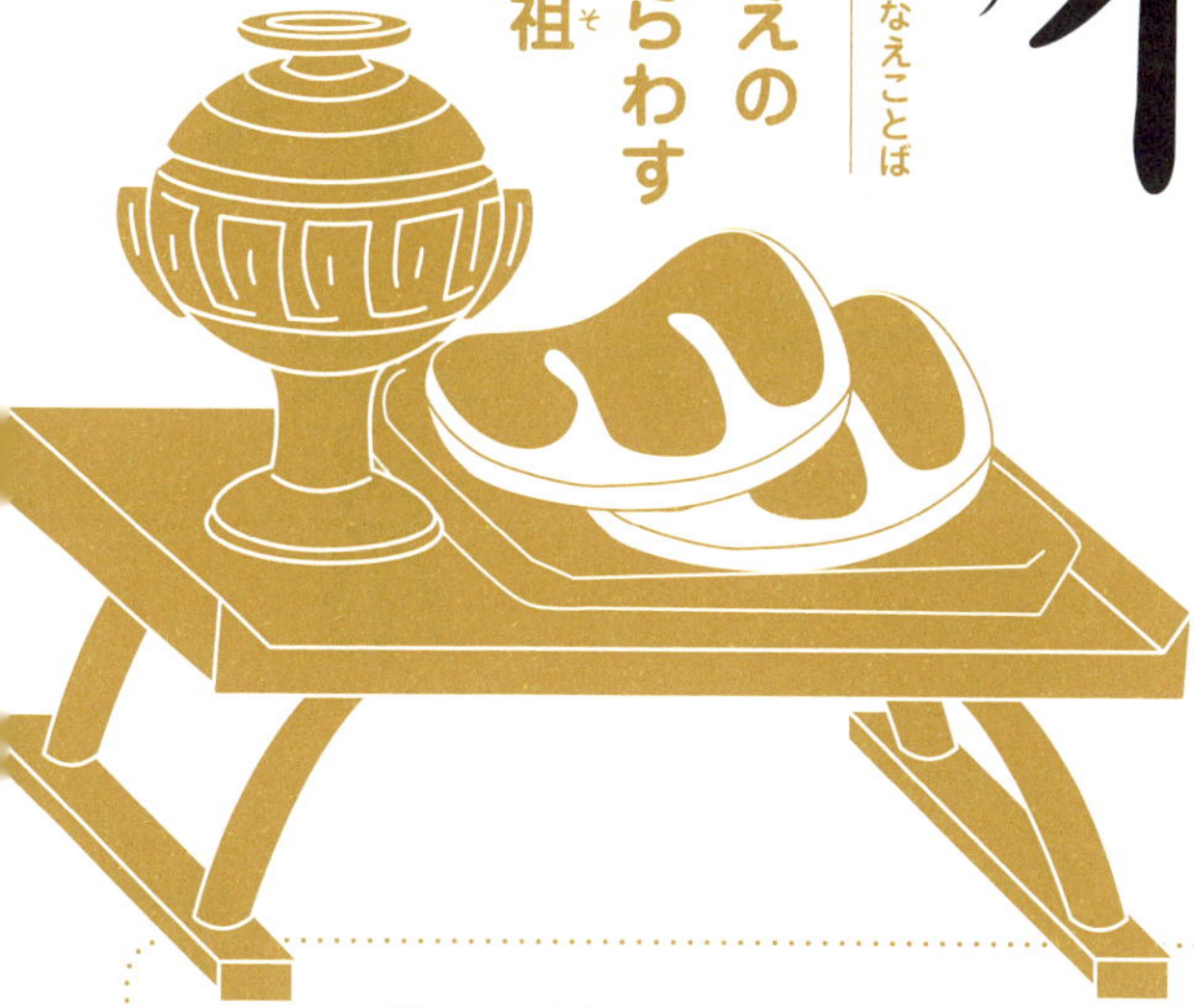

むかしの漢字

なりたち

祖《ソ》は、ネ（しめすへん）と且《ソ》。且《ソ》は、先祖《せんぞ》へのおそなえをおくまないたの形《かたち》で、この且《ソ》が、祖《ソ》のもとの字《じ》なんだ。

祖《ソ》のもともとの意味《いみ》は、おそなえやみつぎもの。先祖《せんぞ》におそなえをすることから、「先祖《せんぞ》」の祖《ソ》になった。

ネ（示・しめすへん）は、神《かみ》や祭《まつ》りに関係《かんけい》する字《じ》に使《つか》われる部首《ぶしゅ》。

書き順　9画

、ラネネ礻初祖祖祖

ことばの例

祖先《そせん》・祖父《そふ》・祖母《そぼ》・祖国《そこく》・先祖《せんぞ》・元祖《がんそ》・始祖《しそ》・開祖《かいそ》・教祖《きょうそ》

訓よみ
（もと）

素

音よみ
ソ・（ス）

むかしの漢字

はやわかり となえことば

素《そ》の文字《もじ》は糸《いと》たばのもとをしばった形《かたち》

なりたち

素《ソ》は、糸《いと》をそめるときのようすからできた字《じ》だ。

絵《え》と、むかしの漢字《かんじ》を見《み》てね。糸《いと》たばをそめるとき、上《うえ》の部分《ぶぶん》を結《むす》んで、染料《せんりょう》（色水《いろみず》）につける。すると、結《むす》んだところだけが、そまらずに白《しろ》く残《のこ》る。その、白《しろ》いまま残《のこ》ったところを素《ソ》といった。

素《ソ》は、手《て》をくわえていない「もとのもの」という意味《いみ》の字《じ》だ。

書き順 10画

一 十 キ 丰 圭 圭 圭 耒 素 素

ことばの例

素質《そしつ》・素材《そざい》・素顔《すがお》・素手《すで》・素性《すじょう》・素敵《すてき》・素通《すどお》り・簡素《かんそ》・要素《ようそ》・酸素《さんそ》

訓よみ （すべ-て）

音よみ ソウ

総

むかしの漢字

（總）

はやわかり となえことば

糸《いと》をたばねて ひとふさにする 総《そう》の文字《もじ》

なりたち

総《ソウ》は、糸《いと》のはしっこを結《むす》んで、ふさのようにまとめることをあらわした字《じ》。だから、糸（いとへん）なんだね。総《ソウ》の、もとの字《じ》は總。悤《ソウ》は、ここでは、音《おん》をあらわすだけの役目《やくめ》。また、総《ソウ》は、髪《かみ》の毛《け》をまとめることもあらわした。ひとつにたばねた男《おとこ》の人《ひと》の髪型《かみがた》を「総髪《そうはつ》」というよ。総《ソウ》は、「ひとつに集《あつ》めてまとめる」という意味《いみ》に使《つか》われる字《じ》。

書き順 14画

ことばの例

総合《そうごう》・総力《そうりょく》・総量《そうりょう》・総計《そうけい》・総勢《そうぜい》・総理《そうり》・総選挙《そうせんきょ》・総務《そうむ》

訓よみ　つく-る

音よみ　ゾウ

造

むかしの漢字

はやわかり　となえことば

もとはお参《まい》り
いまではものを造《つく》ること

なりたち

造《つく-る・ゾウ》は、さいしょ、先祖《せんぞ》をまつるお宮《みや》にお参《まい》りすることをあらわした。

造《ゾウ》の字《じ》にある告《こく》は、口（𠙵《サイ》・いのりのことばを入《い》れる器《うつわ》）を木《き》の枝《えだ》にとりつけて、神《かみ》に願《ねが》いを告《つ》げる形《かたち》。

造《ゾウ》は、その後《ご》、倉《くら》などをつくることをあらわすのに使《つか》われて、「ものをつくる」という意味《いみ》の字《じ》になった。

いまは、道具《どうぐ》や機械《きかい》を使《つか》ってものをつくることに使《つか》われる。

書き順　10画

ノ 𠂉 ⺧ 生 牛 告 告 浩 浩 造

ことばの例

酒造《さけづく》り・造形《ぞうけい》・造花《ぞうか》・造語《ぞうご》・製造《せいぞう》・創造《そうぞう》・建造《けんぞう》・改造《かいぞう》・構造《こうぞう》・木造《もくぞう》

訓よみ

像

音よみ

ゾウ

はやわかり　となえことば

人《ひと》と象《ぞう》でも
似《に》すがたあらわす
像《ぞう》の文字《もじ》

むかしの漢字

なりたち

像《ゾウ》は、ものの「すがた」や「かたち」をあらわす字《じ》だ。
像《ゾウ》は、亻（にんべん）と象《ゾウ》。
象《ゾウ》は、ここでは、ゾウという音《おん》をあらわすだけの役目《やくめ》。

書き順　14画

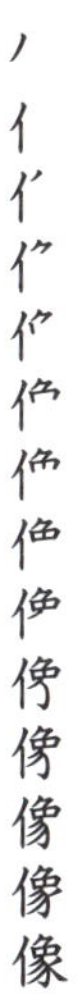

ことばの例

映像《えいぞう》・画像《がぞう》・想像《そうぞう》・実像《じつぞう》・仏像《ぶつぞう》・石像《せきぞう》・銅像《どうぞう》・自画像《じがぞう》

増

訓よみ　ま－す・ふ－える

音よみ　ゾウ

むかしの漢字　（增）

はやわかり　となえことば

土《つち》もうつわも
つみ重《かさ》ねれば
増《ふ》えていく

なりたち

増《まーす・ゾウ》の右側《みぎがわ》は、もとは曾《ソウ》という形《かたち》だった。こしきという蒸《む》し器《き》の形《かたち》だよ。蒸《む》し器《き》は、なべの上《うえ》に重《かさ》ねて使《つか》うものだから、曾《ソウ》は、「重《かさ》ねる」という意《い》味《み》をあらわすんだ。

曾《ソウ》に土《つち》（つちへん）をつけた増《ゾウ》は、土《つち》を積《つ》み重《かさ》ねることをあらわした字《じ》。

そこから、「ふえる」という意《い》味《み》になった。

書き順　14画

ことばの例

割《わ》り増《ま》し・日《ひ》増《ま》し・増加《ぞうか》・増強《ぞうきょう》・増長《ぞうちょう》・増減《ぞうげん》・急増《きゅうぞう》・倍増《ばいぞう》・激増《げきぞう》

訓よみ

則

(のっとる)

音よみ

ソク

むかしの漢字

はやわかり　となえことば

刀《かたな》(リ)で
かなえに
きざんだ規則《きそく》が
則《そく》の文字《もじ》

なりたち

則《ソク》は、貝《かい》と刀《かたな》(リ・りっとう)をあわせた字《じ》。

貝《かい》は、ここでは、かなえという青銅《せいどう》器《き》をあらわしている。

則《ソク》は、かなえの側面《そくめん》に、刀《かたな》(刃物《はもの》)で文字《もじ》をきざみこむ形《かたち》の字《じ》。むかし、重要《じゅうよう》な約束《やくそく》や規則《きそく》を、かなえに記《しる》してのこした。その文章《ぶんしょう》を則《ソク》といった。

！質《しつ》の字《じ》の貝《かい》も、かなえだよ(114ページ)。

書き順

9画

ことばの例

規則《きそく》・原則《げんそく》・法則《ほうそく》・反則《はんそく》・鉄則《てっそく》・総則《そうそく》・校則《こうそく》・罰則《ばっそく》

訓よみ はか-る

音よみ ソク

測

むかしの漢字

はやわかり となえことば

水《みず》の深《ふか》さや いろいろなものを 測《はか》るのが測《そく》

なりたち

測《はか-る・ソク》のもともとの意味《いみ》は、水《みず》の深《ふか》さをはかること。

測《ソク》は、氵（さんずい）と則《ソク》。則《ソク》は、青銅器《せいどうき》のかなえに規則《きそく》や約束《やくそく》をきざみこむ形《かたち》。ここでは、ものごとの規準《きじゅん》や単位《たんい》という意味《いみ》をあらわしている。

やがて測《ソク》は、水《みず》だけでなく、ものをはかること（測定《そくてい》や測量《そくりょう》）に使《つか》われる字《じ》になった。

書き順 12画

丶 冫 氵 汀 汩 泪 泪 浿 浿 測 測 測

ことばの例

測定《そくてい》・測量《そくりょう》・観測《かんそく》・計測《けいそく》・目測《もくそく》・推測《すいそく》・予測《よそく》・憶測《おくそく》

訓よみ

属

音よみ

ゾク

はやわかり　となえことば

オスとメスが
つながる
ことから
できた属《ぞく》

むかしの漢字

（屬）

なりたち

属《ゾク》は、けもののオスとメスがつらなっているようすからできた字《じ》だ。
もとの形《かたち》は屬《ゾク》で、尾《び》と蜀《しょく》をあわせた形《かたち》だった。ここでは、尾《び》はメスで、蜀《しょく》はオスのけものをあらわしている。
属《ゾク》は、「つながる」とか「つきしたがう」という意味《いみ》をあらわす字《じ》。

書き順

12画

ことばの例

属性《ぞくせい》・属国《ぞっこく》・所属《しょぞく》・付属《ふぞく》・専属《せんぞく》・帰属《きぞく》・配属《はいぞく》・従属《じゅうぞく》・金属《きんぞく》

率

訓よみ　ひき-いる

音よみ　（ソツ）・リツ

むかしの漢字

はやわかり　となえことば

糸《いと》たばを　ねじって
しぼる形《かたち》が率《そつ》

なりたち

率《ひき-いる・ソツ》は、糸《いと》たばをしぼる形《かたち》からできた字《じ》だ。絵《え》と、むかしの漢字《かんじ》を見《み》てね。

上下《じょうげ》にぼうを通《とお》して、糸《いと》をねじり、水《みず》をしぼっている。糸《いと》をそめるときのようすだよ。力《ちから》をこめて、水《みず》をしぼりきることをあらわしている。

そこから、率《ソツ》は、力《ちから》をこめて「ひきいる」ことや、「ことごとく（残《のこ》らず、すべて）」という意味《いみ》に使《つか》われるようになった。

書き順　11画

ことばの例

率先《そっせん》・率直《そっちょく》・引率《いんそつ》・軽率《けいそつ》・統率《とうそつ》・利率《りりつ》・効率《こうりつ》・能率《のうりつ》・確率《かくりつ》・円周率《えんしゅうりつ》

訓よみ（そこ-なう）・（そこ-ねる）

損

音よみ ソン

むかしの漢字

はやわかり となえことば

うつわの員《いん》を
こわして
損《そこ》ねる
損《そん》の文字《もじ》

なりたち

損《ソン》は、手《て》（扌・てへん）と員《いん（えん）》をあわせた形だよ。
員《いん（えん）》は、まるい形《かたち》の青銅器《せいどうき》。
損《ソン》は、その器《うつわ》の足《あし》などをこわしてしまうことをあらわす形《かたち》。
こわすのは手《て》でする動作《どうさ》だから、扌（てへん）なんだね。

書き順 13画

一 十 扌 扌 扣 扣 扣 捐 捐 捐 捐 損 損

ことばの例

損害《そんがい》・損失《そんしつ》・損傷《そんしょう》・損得《そんとく》・損益《そんえき》・破損《はそん》・欠損《けっそん》・大損《おおぞん》

むかしの日本の「おぼえうた」

むかしの日本人も、漢字《かんじ》であそんだ。

五年生で習《なら》う桜《さくら》という字は、もとは櫻《さくら》とかいた。そして、恋《こい》という字は、もとは戀《こい》とかいた。

この字を見て、むかしの人たちは、下のような「うた」を作《つく》った。

リズムのよい「おぼえうた」や「となえことば」にしてみると、むずかしい漢字《かんじ》でもすぐにおぼえてしまうよ。

戀《こい》という字を　分析《ぶんせき》すれば

(糸)いとし(いとしい)　(糸)いとしと　(言)いう　(心)こころ

櫻《さくら》という字を　分析《ぶんせき》すれば

(貝)二階の　(女)おんなが　(木)気に　かかる

音よみが「タ行」「ナ行」の漢字

タ

ナ

おもしろい漢字《かんじ》の話《はなし》❺

お金の「貝」

漢字《かんじ》ができたころ、遠《とお》い南《みなみ》の海《うみ》でとれる子安貝《こやすがい》は、宝物《たからもの》だった。人びとは、その貝でモノを買《か》ったり、貝をごほうびにもらったりした。貝が、お金のように使《つか》われていたんだ。

だから、お金に関係《かんけい》する漢字《かんじ》には、貝のつく字が多《おお》いんだよ。

買《か―う》❷　売《う―る》❷（賣）

→ 貝《かい》

（❷〜❺は、習《なら》う学年）

財《ザイ》❺　貨《カ》❹

（97ページ）

費《つい－やす》 ❺ （193ページ）
貯《チョ》 （ためる） ❺ （167ページ）
貧《まず－しい》 ❺ （196ページ）
資《シ》 （もとで） ❺ （109ページ）
負《お－う》 ❸
賞《ショウ》 ❺ （128ページ）
賀《ガ》 ❹
賛《サン》 ❺ （102ページ）
貿《ボウ》 ❺ （211ページ）
おそなえの貝

貸

訓よみ　か－す

音よみ　（タイ）

むかしの漢字

はやわかり　となえことば

貸《か》すという字《じ》は
代《か》わりの貝《かい》と
かく字《じ》だよ

なりたち

貸《かーす・タイ》は、「かす」という意味《いみ》の字《じ》だけど、もともとは、物《もの》をあげることや、なにかをしてあげることをあらわした。貸《タイ》は、代《タイ》と貝《かい》とに分《わ》けられる字《じ》。代《タイ》は、「かわり」という意味《いみ》の字《じ》だ。貸《タイ》はやがて、お金《かね》や物《もの》を貸《か》すことに使《つか》われるようになった。貝《かい》はむかし、お金《かね》に使《つか》われたんだよ。

書き順　12画

ことばの例

貸《か》し借《か》り・貸《か》し出《だ》し・貸家《かしや》・金貸《かねか》し・貸借《たいしゃく》・賃貸《ちんたい》

態

訓よみ

音よみ タイ

はやわかり となえことば

ふりをする
すがたや態度《たいど》を
あらわした態《たい》

むかしの漢字

なりたち

態《タイ》のもともとの意味《いみ》は、なにかのふりをすること。
態《タイ》は、能《ノウ(タイ)》と心《こころ》とに分《わ》けられる字《じ》だよ。
能《ノウ》は、音《おん》をあらわす部分《ぶぶん》。（能《ノウ》は、むかし、タイという音《おん》をあらわした。）
心《こころ》があるのは、感《かん》じたことや考《かんが》えたことが態度《たいど》にあらわれるからだね。

！能《のう》のなりたちは、182ページを見《み》てね。

書き順 14画

ことばの例

態度《たいど》・態勢《たいせい》・状態《じょうたい》・実態《じったい》・事態《じたい》・形態《けいたい》・生態《せいたい》・失態《しったい》・悪態《あくたい》

訓よみ

団

音よみ

ダン・(トン)

むかしの漢字

(團)

はやわかり となえことば

まるめた ものに かこみ(囗)を つけた 団《だん》の文字《もじ》

なりたち

団《ダン》のもとの形《かたち》は團で、専《セン》(專)と囗(くにがまえ)の字《じ》だった。

専《セン》は、ふくろのなかにものを入《い》れて、手《て》(寸)で打《う》ちかためることをあらわす形《かたち》。うどんやパンの生地《きじ》を手《て》でこねて、丸《まる》めるようなことだ。

専《セン》にかこみ(囗)をつけた団《ダン》(團)は、丸《まる》いかたまりをあらわす字《じ》。「団子《だんご》」の団《ダン》だね。

書き順

6画

ことばの例

団結《だんけつ》・団体《だんたい》・団地《だんち》・団子《だんご》・団欒《だんらん》・集団《しゅうだん》・楽団《がくだん》・劇団《げきだん》・営団《えいだん》・布団《ふとん》

訓よみ　ことわ-る・(た-つ)

断

むかしの漢字

(斷)

音よみ　ダン

はやわかり　となえことば

はたおりの糸《いと》を
おの(斤)で
断《た》ちきる
断《だん》

なりたち

断《たーつ・ダン》の、もとの字《じ》は斷。むかしの漢字《かんじ》を見《み》てごらん。は、はたおりの糸《いと》を切《き》っている形《かたち》なんだ。斤《きん》は、おの。だから、断《ダン》(斷)は、糸《いと》を切断《せつだん》する(切《き》る)形《かたち》。おりあがった布《ぬの》を、使《つか》えるように、はたから切《き》りおろすんだね。

!絶《たーつ・ゼツ》のなりたち(146ページ)も見《み》てね。
!切《き》れた糸《いと》をつなぐのが、継《つーぐ・ケイ》(繼)。

書き順　11画

ことばの例

お断《ことわ》り・断絶《だんぜつ》・断念《だんねん》・断定《だんてい》・断言《だんげん》・断固《だんこ》・決断《けつだん》・判断《はんだん》・無断《むだん》・切断《せつだん》

築

訓よみ　きず-く

音よみ　チク

むかしの漢字

はやわかり　となえことば

竹《たけ》や木《き》や
工具《こうぐ》をつかって
建物《たてもの》を
築《きず》く

なりたち

築《きず-く・チク》は、「建築《けんちく》」の築《チク》。分解《ぶんかい》してみると、なりたちがわかるよ。竹《たけ》と木《き》があるね。そのあいだの巩は、工《こう》（工具《こうぐ》）を手《て》に持《も》つ形《かたち》。木《き》の板《いた》を組《く》み、竹《たけ》かごで土《つち》を運《はこ》んでそこに入《い》れ、工《こう》具《ぐ》で土《つち》を打《う》ちかためて、建物《たてもの》の土台《どだい》や城壁《じょうへき》などをつくった。築《チク》は、そうした工事《こうじ》の方法《ほうほう》をあらわした字《じ》だ。「版築《はんちく》」という。

書き順　16画

ことばの例

築城《ちくじょう》・建築《けんちく》・改築《かいちく》・新築《しんちく》・構築《こうちく》

訓よみ

貯

音よみ

チョ

むかしの漢字

はやわかり　となえことば

むかしむかしの
貯金箱《ちょきんばこ》
貝《かい》のお金《かね》を
入《い》れました

なりたち

貯《チョ》の、むかしの漢字《かんじ》を見《み》てごらん。しかくい箱《はこ》のなかに貝《かい》（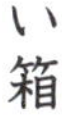）があるよ。貝《かい》はむかし、お金《かね》のように使《つか》われた。宁《チョ》は、だいじなものを入《い》れておく箱《はこ》の形《かたち》からできた字《じ》。やがて、貝《かい》が箱《はこ》の外《そと》に出《で》て、貯《チョ》の字《じ》になったんだね。

書き順

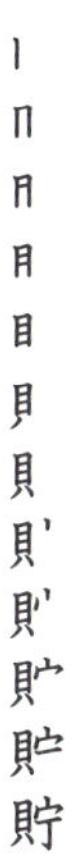

12画《かく》

ことばの例

貯金《ちょきん》・貯水池《ちょすいち》・貯蔵《ちょぞう》・貯蓄《ちょちく》

訓よみ　はーる

張

音よみ　チョウ

むかしの漢字

はやわかり　となえことば

弓《ゆみ》のつる
ぴんと
張《は》るのが
張《ちょう》の文字《もじ》

なりたち

張《はーる・チョウ》の字を分《わ》けると、弓《ゆみ》と長《チョウ》になる。張《チョウ》は、弓《ゆみ》のつるをぴんと張《は》ることをあらわした字《じ》だ。長《なが》く張《は》る、ということだね。

！帳《ちょう》は、巾（ぬの）と長《チョウ》。幕《まく》などをはりめぐらせることをあらわす字《じ》だ。（3年生）

書き順

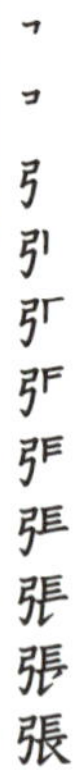

11画

ことばの例

張《は》り紙《がみ》・目張《めば》り・見張《みは》り・欲張《よくば》り・張本人《ちょうほんにん》・出張《しゅっちょう》・主張《しゅちょう》・緊張《きんちょう》

訓よみ

音よみ

テイ

停

むかしの漢字

はやわかり　となえことば

長《なが》い道《みち》のり
宿屋《やどや》にとまることが停《てい》

なりたち

停《テイ》は、「バス停《てい》」の停《テイ》だよ。

むかしは、馬《うま》が車《くるま》のかわりだった。長《なが》い道《みち》のとちゅうには、駅《えき》や宿屋《やどや》ができた。停《テイ》は、その宿屋《やどや》に人《ひと》がとまることをあらわした字《じ》。亭《テイ》は、ものみやぐら（展望台《てんぼうだい》）のある宿屋《やどや》をあらわす形《かたち》。亻（にんべん）は、人《ひと》がとまるからだね。

書き順　11画《かく》

ノ亻亻亠亻亠亻亡亻亡亻亨亻亨亻亭亻亭停

ことばの例

停車《ていしゃ》・停止《ていし》・停戦《ていせん》・停留所《ていりゅうじょ》・調停《ちょうてい》

訓よみ

提

（さ–げる）

音よみ

テイ

むかしの漢字

はやわかり　となえことば

手《て》に持《も》つこと
ぶらさげることをあらわした提《てい》

手《て》に持《も》つバッグを「手提《てさ》げ」というよ。提《テイ》のもともとの意味《いみ》は、手《て》に提《さ》げてものを持《も》つこと。

それがやがて、「提出《ていしゅつ》」や「提案《ていあん》」など、ものやアイデアをさしだすことばに使《つか》われるようになった。

提《テイ》は、扌（てへん）と是《ぜ》の字《じ》。是《ぜ》は、音《おん》をあらわす部分《ぶぶん》。（是《ぜ》は、あわせ漢字《かんじ》のなかでは、テイという音《おん》をあらわすことがある。）

書き順　12画

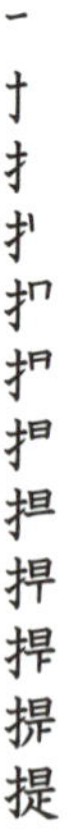

ことばの例

手提《てさ》げ・提出《ていしゅつ》・提案《ていあん》・提示《ていじ》・提供《ていきょう》・提言《ていげん》・提唱《ていしょう》・前提《ぜんてい》

程（ほど）

訓よみ

音よみ テイ

むかしの漢字

はやわかり となえことば

豊作《ほうさく》をいのり
やがて その量《りょう》
はかった程《てい》

なりたち

程《テイ》は、禾《か》（のぎへん）と呈《テイ》。

禾《か》はイネの形《かたち》で、お米《こめ》などのこくもつをあらわす。呈《テイ》は、つまさき立《だ》つ人《ひと》（壬）が、口（𠙵《サイ》・いのりのことばを入《い》れる器《うつわ》）をかかげる形《かたち》だよ。

だから、程《テイ》は、いのりをささげて、こくもつの豊作《ほうさく》をいのる形《かたち》。

それが、こくもつの量《りょう》をはかる意味《いみ》に使《つか》われて、「程度《ていど》」など、ものごとの度合《どあ》いをあらわすようになった。

書き順 12画

ノ ニ 千 禾 禾 和 和 和 和 秤 秤 程

ことばの例

程度《ていど》・日程《にってい》・音程《おんてい》・行程《こうてい》・道程《どうてい》・旅程《りょてい》・射程《しゃてい》・過程《かてい》・課程《かてい》

訓よみ

適

音よみ テキ

はやわかり となえことば

帝《みかど》をつぐのに
ふさわしいこと
あらわした適《てき》

むかしの漢字

なりたち

適《テキ》は、商《テキ》と辶(しんにょう)の字《じ》。商《テキ》は、帝《みかど》(天帝《てんてい》)をつぐ人《ひと》をあらわしている。帝《テイ》と口(𠙵《サイ》・いのりのことばを入《い》れる器《うつわ》)をあわせた形《かたち》だよ。

適《テキ》は、帝《みかど》のあとつぎにふさわしいことをあらわした字《じ》。

ふさわしいことや、あてはまっていることを「適《てき》している」という。

書き順

14画

ことばの例

適正《てきせい》・適度《てきど》・適当《てきとう》・適切《てきせつ》・適応《てきおう》・適中《てきちゅう》・適材適所《てきざいてきしょ》・快適《かいてき》・最適《さいてき》

音よみ
トウ

統

訓よみ
（すべる）

むかしの漢字

はやわかり　となえことば
たくさんの糸《いと》を集《あつ》めて
まとめる統《とう》

なりたち

統《トウ》は、「統一《とういつ》」の統《トウ》。
何本《なんぼん》もの糸《いと》をひとつにまとめること
からできた字《じ》だ。
充《ジュウ》は、中身《なかみ》がゆたかに満《み》ちていること
とをあらわす形《かたち》。
統《トウ》とは、ばらばらなものを集《あつ》めて、
ひとつにまとめること。

書き順
12画
く　幺　幺　糸　糸　糸　糸'　紅　紡　紡　紡　統

ことばの例
統一《とういつ》・統合《とうごう》・統制《とうせい》・統計《とうけい》・統治《とうち》・
伝統《でんとう》・系統《けいとう》・正統《せいとう》・血統《けっとう》・大統領《だいとうりょう》

堂

訓よみ

音よみ
ドウ

はやわかり　となえことば
土《つち》をもって
たてた
りっぱな
神殿《しんでん》が堂《どう》

むかしの漢字

なりたち

堂《ドウ》は、「お堂《どう》」の堂《ドウ》。尚《ショウ》と土《つち》とに分《わ》けられる字《じ》だよ。
尚《ショウ》は、神《かみ》をむかえてまつることをあらわす字《じ》。
土《つち》をもって、一《いち》だん高《たか》い土台《どだい》をつくり、そこに、神《かみ》をまつるお堂《どう》をたてたんだ。

書き順
11画《かく》

丨 丨丨 丨丨丨 ⺌ 尚 冖 𫩏 尚 堂 堂 堂

ことばの例
食堂《しょくどう》・本堂《ほんどう》・講堂《こうどう》・一堂《いちどう》・正々堂々《せいせいどうどう》

訓よみ

音よみ

銅

ドウ

むかしの漢字

はやわかり となえことば

お金《かね》や
うつわを
つくる材料《ざいりょう》
金属《きんぞく》の銅《どう》

なりたち

漢字《かんじ》ができたころ、かなえなどの青《せい》銅器《どうき》がたくさんつくられた。漢字《かんじ》のなりたちにも、よく出《で》てくるものだ。銅《ドウ》は、青銅器《せいどうき》の材料《ざいりょう》などに使《つか》われた金属《きんぞく》のこと。
銅《ドウ》は、金（かねへん）と同《ドウ》。同《ドウ》は、ここでは、音《おん》をあらわすだけの役目《やくめ》。

書き順 14画

ノ 𠆢 亼 今 全 全 金 金 釒 釒 釦 銅 銅 銅

ことばの例

銅像《どうぞう》・銅線《どうせん》・銅貨《どうか》・銅山《どうざん》・銅賞《どうしょう》・青銅《せいどう》・分銅《ふんどう》

訓よみ

導

みちび-く

音よみ

ドウ

むかしの漢字

はやわかり　となえことば

道《みち》をきよめて　進《すす》む形《かたち》の　導《どう》の文字《もじ》

なりたち

古代《こだい》の人《ひと》びとは、よその地《ち》に通《つう》じる道《みち》は、悪霊《あくりょう》が入《はい》ってきやすいところだと考《かんが》えて、道路《どうろ》をはらい清《きよ》めた。

導《みちびーく・ドウ》は、道《ドウ》と寸《すん》とに分《わ》けられる字《じ》。

寸《すん》は、手《て》のはたらきをあらわす形《かたち》。

道路《どうろ》をはらい清《きよ》めながら進《すす》むのが、導《ドウ》。そのようにして清《きよ》められたところが、道《みち》。

書き順

15画

ことばの例

導入《どうにゅう》・導線《どうせん》・導火線《どうかせん》・半導体《はんどうたい》・指導《しどう》・伝導《でんどう》・先導《せんどう》・補導《ほどう》・引導《いんどう》

訓よみ　えーる・（うーる）

得

音よみ　トク

むかしの漢字

はやわかり　となえことば

よそに出《で》かけて
貝《かい》を手《て》に入《い》れ
得《とく》をした

なりたち

得《えーる・トク》は、「なにかを自分《じぶん》のものにする」という意味《いみ》の字《じ》だ。

得《トク》のむかしの漢字《かんじ》を分解《ぶんかい》すると、彳と貝《かい》（）と手《て》（）になる。

貝《かい》はお金《かね》。彳（ぎょうにんべん）は、道《みち》からできた形《かたち》。

だから得《トク》は、よそに出《で》かけて、お金《かね》を手《て》にいれることをあらわした字《じ》。

書き順　11画《かく》

ことばの例

得手《えて》・得体《えたい》・心得《こころえ》・得意《とくい》・得点《とくてん》・取得《しゅとく》・納得《なっとく》

訓よみ

毒

音よみ

ドク

むかしの漢字

はやわかり となえことば

かみかざりをつけたすがたが
毒《どく》につかわれ

なりたち

毒《ドク》は、かみかざりをいっぱいつけて、お祭《まつ》りのしごとをする女《おんな》の人《ひと》のすがたからできた字《じ》。

そのかみかざりがとても多《おお》いことを毒《ドク》といった。

毒薬《どくやく》の「どく」をあらわすのは、もともとは、𦵔《どく》というべつの字《じ》だった。

書き順

8画《かく》

ことばの例

毒草《どくそう》・中毒《ちゅうどく》・有毒《ゆうどく》・解毒《げどく》・気《き》の毒《どく》

独

訓よみ ひとーり

音よみ ドク

むかしの漢字

（獨）

はやわかり となえことば

一《いっ》ぴきの
オスの
けものを
あらわした独《どく》

なりたち

独《ひとーり・ドク》は、「ひとり」という意味《いみ》の字《じ》だ。独《ドク》の、もとの形《かたち》は獨。犭（けものへん）と蜀《ショク》の字《じ》だった。犭（けものへん）は、犬《いぬ》の字《じ》が左《ひだり》にかたよった形《かたち》で、けものをあらわす。蜀《ショク》は、オスのけもの。むかしの漢字《かんじ》には、おちんちん（厶）があるのがわかるかな。

独《ドク》（獨）は、独《ひと》り身《み》のオスのけものをあらわした形《かたち》。

書き順 9画

ノ 犭 犭 犭 犭ロ 犭口 犭中 独 独

ことばの例

独《ひと》り立《だ》ち・独《ひと》り言《ごと》・独立《どくりつ》・独学《どくがく》・独身《どくしん》・独自《どくじ》・独特《どくとく》・単独《たんどく》・孤独《こどく》

訓よみ　まか-せる

音よみ　ニン

任

はやわかり　となえことば

任《にん》の字《じ》は　人《ひと》が
重《おも》さにたえること

むかしの漢字

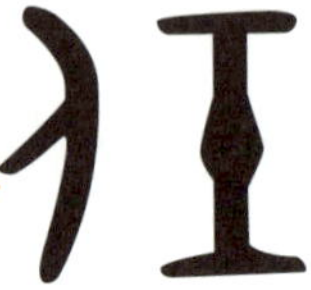

なりたち

任《まか-せる・ニン》は、イ（にんべん）と壬《ジン》。

壬《ジン》は、ものをつくるときに使《つか》う、台《だい》の形《かたち》。その台《だい》の上《うえ》で金属《きんぞく》をたたいた。強《つよ》い力《ちから》や重《おも》さにたえられる台《だい》だ。

壬《ジン》にイ（にんべん）をつけた任《ニン》は、人《ひと》が、たいへんな仕事《しごと》にもたえられること。

「任務《にんむ》」や「責任《せきにん》」ということだね。

書き順　6画

ノイ仁仁仟任

ことばの例

運任《うんまか》せ・任務《にんむ》・任命《にんめい》・任意《にんい》・任期《にんき》・責任《せきにん》・担任《たんにん》・一任《いちにん》・適任《てきにん》・辞任《じにん》

訓よみ もーえる

燃

音よみ ネン

はやわかり となえことば

然《ぜん》の字《じ》に 火《ひ》をつけたして 燃《も》えるという字《じ》

なりたち

燃《もーえる・ネン》のもとの字《じ》は、火《ひ》のない然《ゼン・ネン》なんだ。

然《ゼン・ネン》は、犬《いぬ》の肉《にく》（夕）を火《ひ》（灬）で焼《や》く形《かたち》。天《てん》の神《かみ》にそのにおいをとどけ、自然災害《しぜんさいがい》などがおこらないようにいのった。それで、さいしょは然《ゼン・ネン》が、「もえる」という意味《いみ》の字《じ》だった。

でも、それが「天然自然《てんねんしぜん》」をあらわす字《じ》に使《つか》われるようになったので、「もえる」には、火《ひ》をくわえた燃《ネン》の字《じ》ができた。

書き順

16画

ことばの例

燃《も》えかす・燃焼《ねんしょう》・燃料《ねんりょう》・燃費《ねんぴ》・再燃《さいねん》・可燃《かねん》・不燃《ふねん》

訓よみ

能

音よみ

ノウ

むかしの漢字

はやわかり　となえことば

水《みず》にすむ
虫《むし》の形《かたち》から
できた能《のう》

なりたち

能《ノウ》は、水《みず》にすむ昆虫《こんちゅう》の形《かたち》からできた字《じ》だ。

それがなぜか、「よくできる」という意《い》味《み》に使《つか》われて、「能力《のうりょく》」の能《ノウ》になった。その理由《りゆう》はよくわかっていない。

! 態《たい》（163ページ）や熊《くま》（4年生）にも、能《のう》の形《かたち》があるよ。

書き順

10画

ことばの例

能力《のうりょく》・能率《のうりつ》・可能性《かのうせい》・才能《さいのう》・知能《ちのう》・本能《ほんのう》・性能《せいのう》・機能《きのう》・芸能《げいのう》・放射能《ほうしゃのう》

ハ

音よみが「ハ行」の漢字

おもしろい漢字《かんじ》の話《はなし》 ❻

もとの形《かたち》につけたして

漢字《かんじ》は、なかまの漢字《かんじ》でつながりあっている。同《おな》じ形《かたち》に注目《ちゅうもく》すると、それがわかるよ。

もとの形《かたち》に、意味《いみ》をつけたしてつくられた文字が、たくさんある。もとの字がべつの意味《いみ》に使《つか》われるようになったために、新《あたら》しくつくられた文字もある。

采《さい》

【もとの形《かたち》】
木の実《み》を手でつみとる形《かたち》

❹ 菜 な・サイ

采＋艸（艹）

つみとって食《た》べる「野菜《やさい》」の菜《さい》。

❺ 採 と-る・サイ

采＋手（扌）

手で「とる」ことをあらわす採《さい》。

彩 サイ

采＋彡

草花《くさばな》からとった「色《しき》彩《さい》」の彩《さい》。彡《（さん）》は色《いろ》の美《うつく》しさをあらわす。

ゼン・ネン

然 ❹

↓

もーえる・ネン

燃 ❺

然＋火

さいしょは然《ぜん》が、「もえる」という意味《いみ》だった。然《ぜん》が「天然自然《てんねんしぜん》」をあらわす字になって、火を加《くわ》えて「もえる」の燃《ねん》がつくられた。

みち・ドウ

道 ❷

↓

みちびーく・ドウ

導 ❺

道＋寸

敵《てき》の首《くび》を手（寸）に、道路《どうろ》をはらいきよめながら進《すす》むのが、導《どう》。きよめられたところが道《みち》。もとはひとつの字だった。

うーける・ジュ

受 ❸

↓

さずーける・ジュ

授 ❺

受＋手（扌）

さいしょは受《じゅ》が、「うける」と「さずける」の両《りょう》方《ほう》の意味《いみ》に使《つか》われていた。それをべつべつにあらわすために、あとから授《じゅ》の字ができた。

ささーえる・シ

支 ❺

↓

えだ・シ

枝 ❺

支＋木

さいしょは支《し》が、「えだ」をあらわす字だった。支《し》が「ささえる」という意味《いみ》になって、木の「えだ」の枝《し》の字ができた。

（❷～❺は、習《なら》う学年）

訓よみ　やぶ-る

破

音よみ　ハ

むかしの漢字

はやわかり　となえことば

石《いし》と皮《ひ》で
石《いし》がくだけて
こわれる
破《は》

なりたち

破《やぶ-る・ハ》は、「こわす」「こわれる」という意味《いみ》の字《じ》だ。「破壊《はかい》」というね。破《ハ》を分《わ》けると、石《いし》と皮《ヒ》になるよ。破《ハ》は、石《いし》の表面《ひょうめん》がくだけてはがれることをあらわした字《じ》だ。皮《ヒ》は、音《おん》をあらわす部分《ぶぶん》。（ヒがハに変《か》わったんだ。）

書き順　10画

一 丆 不 石 石 石 矿 矽 砂 破

ことばの例

型破《かたやぶ》り・破壊《はかい》・破損《はそん》・破片《はへん》・破局《はきょく》・破産《はさん》・破裂《はれつ》・突破《とっぱ》・打破《だは》・走破《そうは》

訓よみ

犯

（おか-す）

音よみ

ハン

はやわかり　となえことば

犭《けものへん》
してはならないことが犯《はん》

むかしの漢字

なりたち

犯《ハン》は、「犯罪《はんざい》」の犯《ハン》。犭（けものへん）と㔾《ハン》の字《じ》だよ。

犭（けものへん）は、犬《いぬ》の字《じ》が左《ひだり》にかたよった形《かたち》で、けものをあらわす。

㔾《ハン》は、しせいを低《ひく》くした人《ひと》の形《かたち》。

犯《ハン》は、人《ひと》がけものに乗《の》りかかっている形《かたち》で、してはならないことをあらわした字《じ》だ。

書き順　5画

ノ　犭　犭　犯　犯

ことばの例

犯罪《はんざい》・犯人《はんにん》・犯行《はんこう》・防犯《ぼうはん》・主犯《しゅはん》・共犯《きょうはん》・再犯《さいはん》

訓よみ

判

音よみ ハン・バン

むかしの漢字

はやわかり となえことば

半分《はんぶん》こ 二《ふた》つに分《わ》ける 判《はん》の文字《もじ》

なりたち

判《ハン》は、「半分《はんぶん》」の半《ハン》と刀《かたな》（刂・りっとう）をあわせた字《じ》だ。

だから、判《ハン》は、刀《かたな》（刃物《はもの》）でものを半分《はんぶん》に分《わ》ける形《かたち》。

契約書《けいやくしょ》などの書類《しょるい》は、同《おな》じものを二《ふた》つつくって、その両方《りょうほう》にまたがるように、判《ハン》（ハンコ）を押《お》す。それを「判書《はんしょ》」といった。

判《ハン》は、「裁判《さいばん》」や「判決《はんけつ》」など、「さばく」という意味《いみ》にも使《つか》われる。

書き順 7画

丶 丷 䒑 兰 半 判 判

ことばの例

判断《はんだん》・判定《はんてい》・判明《はんめい》・判決《はんけつ》・判子《はんこ》・批判《ひはん》・裁判《さいばん》・評判《ひょうばん》・小判《こばん》・審判《しんぱん》

訓よみ

音よみ

版

ハン

むかしの漢字

はやわかり　となえことば

版築《はんちく》という 土木工事《どぼくこうじ》の 型板《かたいた》が版《はん》

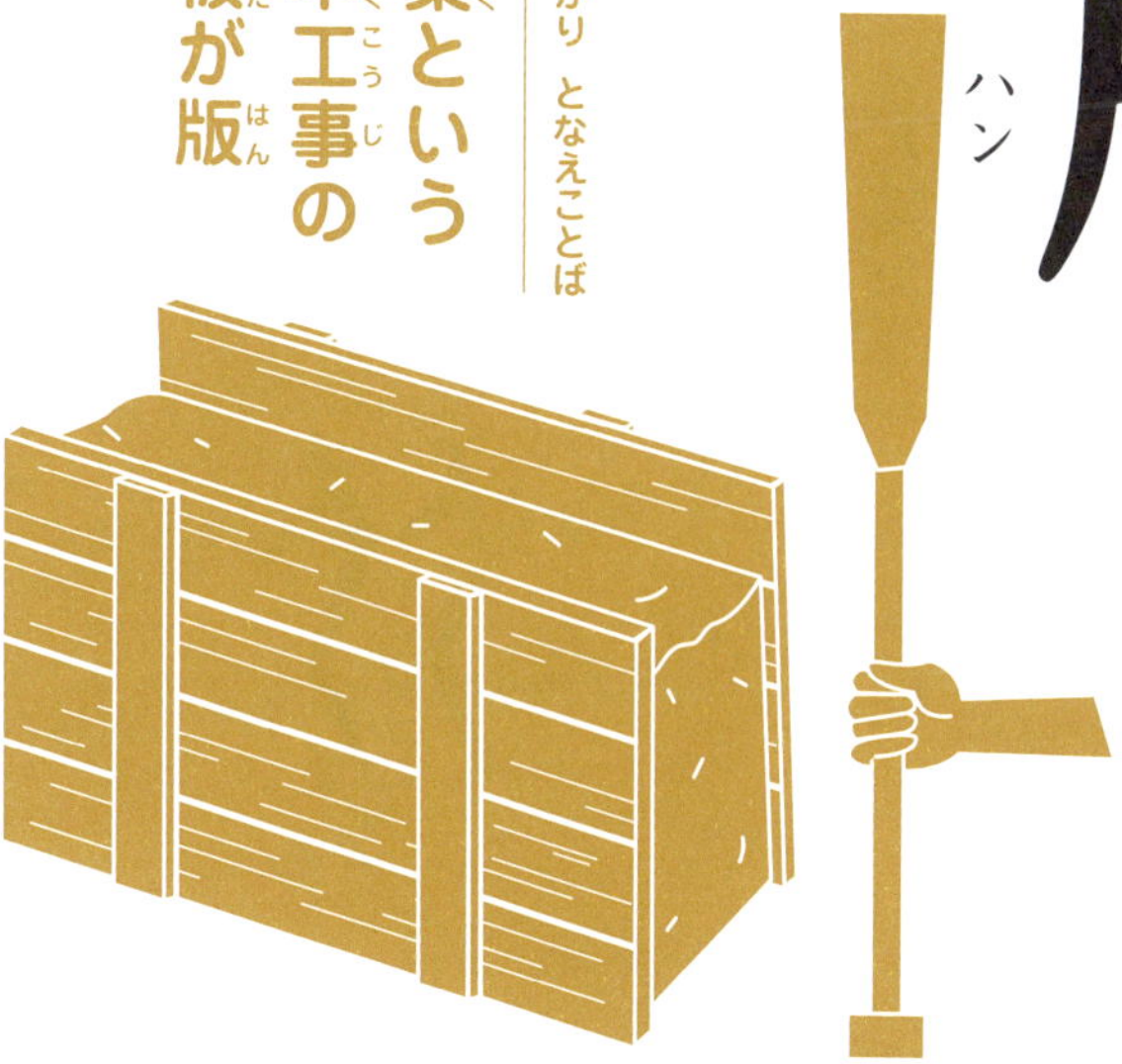

なりたち

版《ハン》は、さいしょ、版築工事《はんちくこうじ》に使《つか》う木《き》の板《いた》のことをいった。版築《はんちく》とは、板《いた》と板《いた》のあいだに土《つち》を入《い》れて、つき固《かた》めて、城壁《じょうへき》などをつくる工事《こうじ》の方法《ほうほう》だ。

版《ハン》の左側《ひだりがわ》の片《へん》が、その板《いた》の形《かたち》。反《ハン》は音《おん》をあらわす部分《ぶぶん》。

やがて版《ハン》は、文字《もじ》をほって印刷《いんさつ》をする板《いた》（版木《はんぎ》）をあらわすようになった。

！状《じょう》や築《ちく》のページも見《み》てね。

書き順　8画

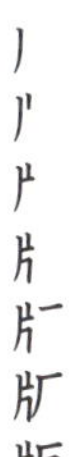

ことばの例

版画《はんが》・木版《もくはん》・銅版《どうばん》・図版《ずはん》・出版《しゅっぱん》・初版《しょはん》・決定版《けっていばん》

訓よみ　くら-べる

比

音よみ　ヒ

はやわかり　となえことば

右《みぎ》むきの
二人《ふたり》の
ひとが
ならんだ
比《ひ》

むかしの漢字

なりたち

比《くらーべる・ヒ》は、「くらべる」という意味《いみ》の字《じ》だ。

むかしの漢字《かんじ》のには、同《おな》じ形《かたち》が二《ふた》つあるね。右《みぎ》むきの人《ひと》が二人《ふたり》ならんでいる形《かたち》だよ。

比《ヒ》は、さいしょ、「したしむ」という意味《いみ》でも使《つか》われた字《じ》だという。

書き順

4画

ことばの例

背比《せいくら》べ・比率《ひりつ》・比重《ひじゅう》・比類《ひるい》・比例《ひれい》・比較《ひかく》・対比《たいひ》・無比《むひ》

肥

訓よみ　こーえる・こえ

音よみ　ヒ

はやわかり　となえことば

月《にくづき》と　人《ひと》のすがたで　あらわす肥《ひ》

むかしの漢字

なりたち

「肥《こ》える」とは、人《ひと》や動物《どうぶつ》が太《ふと》ることや、土《つち》のなかの養分《ようぶん》がゆたかなこと。

肥《こーえる・ヒ》の月（にくづき）は、「人《ひと》の体《からだ》の一《いち》部《ぶ》だよ」ということをあらわす形《かたち》。

むかしの漢字《かんじ》では、巴は㔾で、人《ひと》がすわっている形《かたち》。

絵《え》のように人《ひと》がすわると、もものあたりの肉《にく》がふくらむ。肥《ヒ》は、それをあらわした字《じ》だ。

書き順　8画

丿 刀 月 月 月㇆ 月卩 月巴 肥

ことばの例

肥《こ》やし・肥料《ひりょう》・肥大《ひだい》・肥満《ひまん》・堆肥《たいひ》

非

訓よみ　（あら-ず）

音よみ　ヒ

むかしの漢字

はやわかり　となえことば

右《みぎ》と左《ひだり》に　歯《は》のある
くしの形《かたち》が非《ひ》

なりたち

非《ひ》は、絵《え》のようなくしの形《かたち》からできた字だ（くしとは、かみの毛《け》をとかすもの）。左右両方《さゆうりょうほう》に歯《は》がついている。

でも、非《ひ》はいまは、くしの意味《いみ》には使《つか》われず、「そうではない」という意《い》味《み》に使《つか》われる。

くしの歯《は》が、背中《せなか》あわせにそむいているからかもしれないね。

書き順　8画

ことばの例

非常《ひじょう》・非難《ひなん》・非情《ひじょう》・非行《ひこう》・非力《ひりき》・非常識《ひじょうしき》・非売品《ひばいひん》・是非《ぜひ》

訓よみ

費

（つい-やす）

音よみ

ヒ

はやわかり　となえことば

費《ひ》の文字《もじ》は
貝《かい》のお金《かね》を
むだづかい

むかしの漢字

なりたち

費《ひ》は、お金《かね》を使《つか》ってしまうことをあらわした字《じ》だ。「むだづかい」ということだね。

費《ひ》を分《わ》けると、弗《フツ》と貝《かい》になるよ。

貝《かい》は、むかし、お金《かね》に使《つか》われた貝《かい》。

弗《フツ》は、「～がない」「～でない」という意味《いみ》に使《つか》われる形《かたち》。

書き順

12画《かく》

ことばの例

費用《ひよう》・会費《かいひ》・学費《がくひ》・旅費《りょひ》・光熱費《こうねつひ》

消費《しょうひ》・出費《しゅっぴ》

訓よみ　そな-える

音よみ　ビ

備

むかしの漢字

はやわかり　となえことば

矢《や》を入《い》れた　箱《はこ》をせおって

いくさに備《そな》える

なりたち

備《そな-える・ビ》は、戦《たたか》いにそなえることからできた字《じ》だ。「備《そな》える」というのは、準備《じゅんび》しておくことだよ。

は、むかしの漢字《かんじ》を見《み》てごらん。矢《や》を運《はこ》ぶ入《い》れもの。えびら、という。それを人《ひと》が背負《せお》って、戦《たたか》いにそなえる形《かたち》が、備《ビ》。

書き順

12画

ことばの例

備《そな》え付《つ》け・備品《びひん》・備考《びこう》・準備《じゅんび》・設備《せつび》・整備《せいび》・予備《よび》・守備《しゅび》・軍備《ぐんび》・警備《けいび》

評

訓よみ

音よみ　ヒョウ

はやわかり　となえことば

公平《こうへい》に
ことばで
相談《そうだん》したことが評《ひょう》

なりたち

評《ヒョウ》は、言（ごんべん）と平《ヘイ》だよ。
言（ごんべん）は、ことばをあらわす。
平《ヘイ》は、おので木《き》をけずる形《かたち》の字《じ》で、平《たい》らにすることをあらわしている。
評《ヒョウ》とは、公平《こうへい》な話《はな》しあいをすること。
そして、かたよった考《かんが》え方《かた》をせずに、見《み》さだめること。

書き順　12画

丶 亠 亖 言 言 言 言 訁 訂 訂 訐 評

ことばの例

評価《ひょうか》・評判《ひょうばん》・評決《ひょうけつ》・評議《ひょうぎ》・評論《ひょうろん》・好評《こうひょう》・定評《ていひょう》・悪評《あくひょう》・不評《ふひょう》・書評《しょひょう》

貧

訓よみ　まず-しい

音よみ　ビン・（ヒン）

むかしの漢字

はやわかり　となえことば

貝《かい》のお金《かね》を　分《わ》ければ　少《すく》なく　貧《まず》しいよ

なりたち

貧《まずーしい・ビン》は、「貝《かい》を分《わ》ける」と書《か》く字《じ》だよ。貝《かい》は、むかし、お金《かね》に使《つか》われた貝《かい》。貧《ビン》は、財産《ざいさん》を分《わ》けて、それが少《すく》なくなることをあらわした字《じ》だ。

「お金《かね》の貝《かい》」の話《はなし》が160ページにあるよ。

書き順　11画

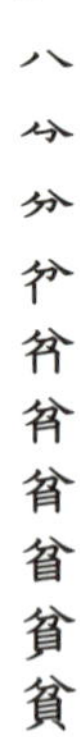

ことばの例

貧困《ひんこん》・貧相《ひんそう》・貧富《ひんぷ》・貧血《ひんけつ》・貧弱《ひんじゃく》・貧乏《びんぼう》・極貧《ごくひん》・赤貧《せきひん》・清貧《せいひん》

訓よみ ぬの

布

音よみ フ

むかしの漢字

はやわかり となえことば

もともとは
麻《あさ》でつくった きれが布《ぬの》

なりたち

布《ぬの・フ》は、もともとは、麻《あさ》でつくった「ぬの」をあらわした。

漢字《かんじ》ができたころの中国《ちゅうごく》には、木綿《もめん》の布《ぬの》はなく、麻布《あさぬの》がふつうで、高級《こうきゅう》な布《ぬの》といえば、絹《きぬ》の織物《おりもの》だった。

布《フ》は、父《フ》と巾《きん》をあわせた形《かたち》。巾《きん》が、「ぬの」をあらわす形《かたち》。父《フ》はまさかりの形《かたち》だけど、ここでは音《おん》をあらわすだけの役目《やくめ》。

書き順 5画

ノナ才右布

ことばの例

布地《ぬのじ》・麻布《あさぬの》・布団《ふとん》・布告《ふこく》・布教《ふきょう》・毛布《もうふ》・財布《さいふ》・湿布《しっぷ》・配布《はいふ》・公布《こうふ》

訓よみ

音よみ　フ

婦

むかしの漢字

はやわかり　となえことば

みたまやを　清《きよ》める女《おんな》の人《ひと》の婦《ふ》だ

なりたち

婦《フ》は、女（おんなへん）と帚《フ》（帚）。帚《フ》は、ほうきの形《かたち》をした道具《どうぐ》。これに香《かお》り酒《ざけ》をふりかけて、先祖《せんぞ》をまつるお宮《みや》を清《きよ》めた。

婦《フ》は、お宮《みや》を清《きよ》め、先祖《せんぞ》につかえる役目《やくめ》をする女《おんな》の人《ひと》をあらわした字《じ》だ。

書き順

11画

ことばの例

婦人《ふじん》・婦女《ふじょ》・婦警《ふけい》・夫婦《ふうふ》・主婦《しゅふ》・新婦《しんぷ》・妊婦《にんぷ》

訓よみ

音よみ

武

ブ・ム

むかしの漢字

はやわかり となえことば

ほこを持《も》ち
足《あし》を進《すす》める
形《かたち》が武《ぶ》

なりたち

武《ブ》は、「武士《ぶし》」の武《ブ》。戈《か》と止《し》をあわせた字《じ》だよ。
戈《か》は、武器《ぶき》のほこ。
止《し》は、足《あし》あとの形《かたち》からできた字《じ》で、もともとは「すすむ」という意味《いみ》をあらわした。
武《ブ》は、戈《か》（ほこ）をかかげて、兵士《へいし》がいさましく進《すす》むことをあらわした字《じ》だ。

書き順 8画

一 二 千 千 正 正 武 武

ことばの例

武士《ぶし》・武器《ぶき》・武力《ぶりょく》・武装《ぶそう》・武道《ぶどう》・武勇《ぶゆう》・武者《むしゃ》・文武《ぶんぶ》・演武《えんぶ》

訓よみ

音よみ

復

フク

はやわかり　となえことば

彳《ぎょうにんべん》
帰《かえ》り道《みち》だよ
復《ふく》の文字《もじ》

むかしの漢字

なりたち

復《フク》は、道《みち》の形《かたち》の彳（ぎょうにんべん）と复《フク》。
复《フク》は、お米《こめ》などをはかるます、をひっくり返《かえ》す形《かたち》。「くり返《かえ》す」とか「もとへ帰《かえ》る」という意味《いみ》をあらわすよ。
だから復《フク》とは、道《みち》をもどって帰《かえ》ること。「往復《おうふく》」の復《フク》だ。

！つぎのページの複《ふく》にも、复《フク》があるよ。

書き順

12画

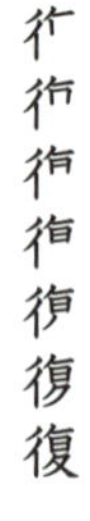

ことばの例

復活《ふっかつ》・復帰《ふっき》・復元《ふくげん》・復旧《ふっきゅう》・復習《ふくしゅう》・往復《おうふく》・反復《はんぷく》・報復《ほうふく》・修復《しゅうふく》・回復《かいふく》

訓よみ

音よみ

複

フク

むかしの漢字

はやわかり となえことば

ネ《ころもへん》 衣《ころも》を重《かさ》ねる 複《ふく》の文字《もじ》

なりたち

複《フク》は、ネ（ころもへん）と复《フク》。复《フク》は、お米《こめ》などをはかるますをひっくり返《かえ》す形《かたち》で、「くり返《かえ》す」とか「もとへ帰《かえ》る」という意味《いみ》をあらわす。ネ（ころもへん）は、衣《ころも》だよ。だから、複《フク》とは、衣《ころも》（着《き》るもの）を重《かさ》ねること。裏地《うらじ》のついた着物《きもの》や、綿入《わたい》れをあらわした。

そこから、いろいろなものが二重《にじゅう》であることをあらわすようになった。

書き順

14画

ことばの例

複数《ふくすう》・複雑《ふくざつ》・複合《ふくごう》・複製《ふくせい》・複写《ふくしゃ》・複眼《ふくがん》・複線《ふくせん》・単複《たんぷく》・重複《じゅうふく（ちょうふく）》

訓よみ ほとけ

仏

音よみ ブツ

むかしの漢字

佛

（佛）

はやわかり　となえことば

イ《にんべん》に
ムの字《じ》を
かいて
仏教《ぶっきょう》の仏《ぶつ》

なりたち

仏《ほとけ・ブツ》は、「仏教《ぶっきょう》」の仏《ブツ》。

仏《ブツ》のもとの字《じ》は佛で、イ（にんべん）と弗《フツ》だよ。

仏《ブツ》（佛）はさいしょ、「かすかに見《み》える」という意味《いみ》の字《じ》だったという。

やがて、仏教《ぶっきょう》がインドから中国《ちゅうごく》に伝《つた》えられると、さとりをひらいた人《ひと》（仏《ぶっ》陀《だ》）という意味《いみ》に使《つか》われる字《じ》になった。

書き順　4画

ノ イ 仏 仏

ことばの例

仏心《ほとけごころ》・生《い》き仏《ぼとけ》・のど仏《ぼとけ》・仏像《ぶつぞう》・仏教《ぶっきょう》・仏頂面《ぶっちょうづら》・大仏《だいぶつ》・念仏《ねんぶつ》・成仏《じょうぶつ》

訓よみ こな・こ

粉

音よみ フン

むかしの漢字

はやわかり となえことば

米《こめ》をひき
こなごなにして
粉《こな》にする

なりたち

粉《こな・フン》を分《わ》けると、米（こめへん）と分《フン》になるよ。

分《フン》には、ものをバラバラにするという意味《いみ》がある。

だから、粉《フン》は、米《こめ》をくだいて作《つく》った「こな」のこと。むかし、顔《かお》にぬったおしろいをあらわした字《じ》だ。祭《まつ》りのときに、その粉《こな》で顔《かお》におけしょうをしたのだという。

書き順 10画《かく》

ことばの例

粉薬《こなぐすり》・粉雪《こなゆき》・きな粉《こ》・粉末《ふんまつ》・粉《ふん》じん・花粉《かふん》・製粉《せいふん》・金粉《きんぷん》

訓よみ あーむ

編

音よみ ヘン

むかしの漢字

はやわかり となえことば

文字《もじ》札《ふだ》を
ひもでつづって
書物《しょもつ》に編《あ》む

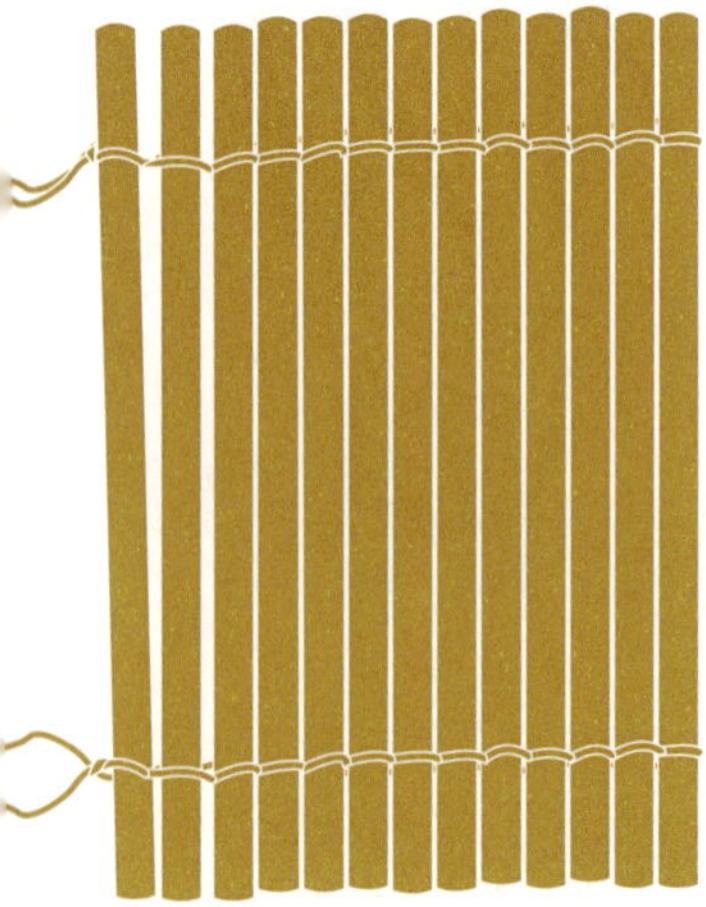

なりたち

むかしの本《ほん》は、木《き》や竹《たけ》の札《ふだ》をひもでつづってつくった。文字《もじ》を書《か》いた札《ふだ》を、文章《ぶんしょう》になるように順序《じゅんじょ》よくつづったんだ。いまでいえば、ページを順番《じゅんばん》どおりにして、本《ほん》にすることだね。

編《あーむ・ヘン》は、それをあらわした字《じ》。

編《ヘン》は、糸（いとへん）と扁《ヘン》だよ。

糸（いとへん）は、ひもで編《あ》むことをあらわしている。扁《ヘン》は、あみ戸《ど》の形《かたち》で、「平《ひら》たいもの」という意味《いみ》がある。

書き順 15画

ことばの例

編《あ》み物《もの》・手編《てあ》み・三《み》つ編《あ》み・編集《へんしゅう》・編曲《へんきょく》・編入《へんにゅう》・長編《ちょうへん》・続編《ぞくへん》・全編《ぜんぺん》

訓よみ

音よみ
ベン

弁

むかしの漢字
（辯）
（辨）

はやわかり　となえことば

裁判《さいばん》で　あらそいさばく　弁《べん》の文字《もじ》

なりたち

弁《ベン》には、もとの字《じ》が三《みっ》つある。辯《ベン》と辨《ベン》と瓣《ベン》。どの字《じ》にも辡《（ベン）》の形《かたち》がある。（ここでは二《ふた》つの字《じ》を説明《せつめい》しよう。）

辡《（ベン）》は、二人《ふたり》ならんで、ちかいをたてる形《かたち》。裁判《さいばん》で争《あらそ》う人《ひと》をあらわしている。

辯《ベン》は、辡《（ベン）》と言《げん》。裁判《さいばん》で、それぞれが言《い》いぶんをのべることをあらわす形《かたち》だ。

辨《ベン》は、辡《（ベン）》と刀《かたな》（刂）。二《ふた》つの言《い》いぶんを見分《みわ》けることをあらわしている。

書き順　5画

ㄥ　ム　厶　弁　弁

ことばの例

弁護《べんご》・弁解《べんかい》・弁明《べんめい》・弁舌《べんぜつ》・弁当《べんとう》・答弁《とうべん》・熱弁《ねつべん》・代弁《だいべん》・関西弁《かんさいべん》・花弁《かべん》

訓よみ たもーつ

保

音よみ ホ

はやわかり　となえことば

赤《あか》ちゃんの
いのちをまもる
保《ほ》の文字《もじ》だ

むかしの漢字

なりたち

保《たもーつ・ホ》は、赤《あか》ちゃんをおんぶしているようすからできた字《じ》だ。

むかしの漢字《かんじ》を見《み》てごらん。

人《ひと》（　）が、子《こ》ども（　）をおんぶしている。　の下《した》の線《せん》は、おむつ（赤《あか》ちゃんの産着《うぶぎ》）をあらわしている。

こうした衣《ころも》や宝玉《ほうぎょく》が、いのちを守《まも》ってくれると、むかしの人《ひと》は考《かんが》えていた。

それで保《ホ》は、「たもつ」という意味《いみ》なんだ。生命《せいめい》を保《たも》つということだね。

書き順　9画

ことばの例

保育《ほいく》・保護《ほご》・保存《ほぞん》・保健《ほけん》・保険《ほけん》・保証《ほしょう》・保障《ほしょう》・保存《ほぞん》・保守《ほしゅ》・確保《かくほ》

墓

訓よみ　はか

音よみ　ボ

むかしの漢字

はやわかり　となえことば

土《つち》をほり　つくった　お墓《はか》をあらわす字《じ》

なりたち

墓《はか・ボ》とは、「おはか」のこと。莫《ボ》＋土《つち》の字だよ。むかしの漢字《かんじ》を見《み》てごらん。（莫《ボ》）は、ΨΨ（くさ）とΨΨ（くさ）のあいだに（日《ひ》）が沈《しず》んでいる形《かたち》だ。日暮《ひぐ》れや、暗《くら》いことをあらわしている。墓《ボ》は、暗《くら》い地下《ちか》につくった、土《つち》でおおわれた「はか」をあらわした字《じ》。

！莫《ボ》＋日《ひ》で、夕暮《ゆうぐ》れの暮《ぼ》。
莫《ホ》＋巾《きん》（ぬの）で、幕《まく》。

書き順　13画

ことばの例

墓参《はかまい》り・墓地《ぼち》・墓石《ぼせき》・墓穴《ぼけつ》・墓標《ぼひょう》

報

訓よみ　（むく－いる）

音よみ　ホウ

むかしの漢字

はやわかり　となえことば

もともとは　しかえしすること　あらわす　報《ほう》

なりたち

報《ホウ》は、幸《こう》と𠬝《（ふく）》をあわせた字《じ》だよ。幸《こう》は、罪人《ざいにん》にかける手《て》かせの形《かたち》。𠬝《（ふく）》は、手《て》で人《ひと》をおさえつけることをあらわす形《かたち》。だから、報《ホウ》は、手《て》かせをつけた人《ひと》をおさえつけ、罰《ばつ》をあたえて報復《ほうふく》する（しかえしする）ことをあらわした字《じ》だ。報《ホウ》は、よいことへのお返《かえ》しの意味《いみ》でも使《つか》う。「報《むく》いる」というよ。いまは、「知《し》らせる」という意味《いみ》にも使《つか》う。

書き順　12画

一　十　土　…　幸　…　報

ことばの例

報《むく》い・報復《ほうふく》・報告《ほうこく》・報道《ほうどう》・報酬《ほうしゅう》・情報《じょうほう》・速報《そくほう》・予報《よほう》・通報《つうほう》・果報《かほう》

訓よみ

豊

ゆた-か

音よみ

ホウ

むかしの漢字

（豐）

はやわかり　となえことば

豆《とう》の上《うえ》
おそなえ
たっぷり
豊《ゆた》かに
あるよ

なりたち

豊《ゆた-か・ホウ》の字にある豆《とう》は、あしのある食器《しょっき》だよ。そこに、お米《こめ》のみのった稲穂《いなほ》をたっぷりもって、おそなえをしている形《かたち》が、豊《ホウ》。

豊《ホウ》の、もとの字《じ》は豐。

おそなえものが、たっぷり豊《ゆた》かにあることをあらわした字《じ》だ。

書き順

13画

ことばの例

豊富《ほうふ》・豊作《ほうさく》・豊年《ほうねん》・豊漁《ほうりょう》・豊満《ほうまん》

訓よみ

ふせ-ぐ

防

音よみ

ボウ

はやわかり　となえことば

くにざかい
まよけをおいて
まもる防《ぼう》

むかしの漢字

なりたち

防《ふせ-ぐ・ボウ》は、「ふせぐ」という意味《いみ》の字《じ》だ。
阝（こざとへん）と方《ホウ》だよ。
方《ホウ》は、国《くに》ざかいにおくまじないで、
木《き》に人《ひと》をつるした形《かたち》。
阝（こざとへん）は、神聖《しんせい》な場所《ばしょ》をあらわす形《かたち》。
防《ボウ》は、国《くに》ざかいを防衛《ぼうえい》することをあらわした字《じ》。

書き順　7画

ﾌ　阝　阝　阝'　阝亠　防　防

ことばの例

防止《ぼうし》・防衛《ぼうえい》・防災《ぼうさい》・防水《ぼうすい》・防寒《ぼうかん》・防犯《ぼうはん》・防戦《ぼうせん》・予防《よぼう》・消防《しょうぼう》・堤防《ていぼう》

訓よみ

音よみ

貿

ボウ

むかしの漢字

はやわかり　となえことば

二《ふた》つのものを交換《こうかん》するのが貿易《ぼうえき》の貿《ぼう》

なりたち

「貿易《ぼうえき》」とは、外国《がいこく》とのあいだで、ものを売《う》り買《か》いすること。おたがいに必要《ひつよう》なものを、お金《かね》をだして交換《こうかん》することだ。

貿《ボウ》は、卯《(ボウ)》と貝《かい》とに分《わ》けられる字《じ》。卯《(ボウ)》は音《おん》をあらわす部分《ぶぶん》で、ものを二《ふた》つに分《わ》ける形《かたち》。貿《ボウ》は、貝《かい》のお金《かね》で、ものをやりとりすることをあらわした字《じ》だ。

書き順　12画

ことばの例

貿易《ぼうえき》・貿易風《ぼうえきふう》

訓よみ
あば‐れる・（あば‐く）

音よみ
ボウ・（バク）

暴

むかしの漢字

はやわかり となえことば

死《し》んだけものが 日《ひ》にさらされる 暴《ぼう》の文字《もじ》

なりたち

暴《あば‐れる・ボウ》は、日《ひ》の下《した》に、けものの死体《したい》のある形《かたち》。けものの死体《したい》が、日《ひ》にさらされることをあらわしている。

「さらす」「かわく」というのが、暴《ボウ》のもともとの意味《いみ》だ。

あとから、「あばれる」「暴力《ぼうりょく》」という意味《いみ》にも使《つか》われるようになった。

書き順 15画

ことばの例

大暴《おおあば》れ・暴力《ぼうりょく》・暴行《ぼうこう》・暴言《ぼうげん》・暴走《ぼうそう》・暴風雨《ぼうふうう》・暴露《ばくろ》・乱暴《らんぼう》・横暴《おうぼう》・凶暴《きょうぼう》

音よみが「マ行」「ヤ行」「ラ行」の漢字

マ　ヤ　ラ

おもしろい漢字《かんじ》の話《はなし》⑦

漢字《かんじ》の生《お》いたち

さいしょの漢字《かんじ》が生まれたのは、三千三百年くらいまえのこと。それからの長《なが》い年月のなかで、文字の形《かたち》は変化《へんか》した。そして、新《あたら》しい文字もつくられた。「むかしの漢字《かんじ》」には、時代《じだい》によって、いろいろな形《かたち》の文字があるんだよ。

【甲骨文字《こうこつもじ》】は、カメのこうらやけものの骨《ほね》にきざんだ文字。
【金文《きんぶん》】は、青銅器《せいどうき》にきざみこまれた文字。
【篆文《てんぶん》】は、秦《しん》の時代《じだい》に全国《ぜんこく》で使《つか》われるようになった文字の形《かたち》。

約三三〇〇年前【甲骨文字《こうこつもじ》】

約三一〇〇年前【金文《きんぶん》】

約二二〇〇年前【篆文《てんぶん》】

約一八〇〇年前から【楷書《かいしょ》】

學（旧字《きゅうじ》）

学（いまの常用漢字《じょうようかんじ》）

まな―ぶ
ガク

（学《ガク》は1年生、ほかは5年生の漢字《かんじ》）

益
エキ

解
と―く
カイ

（旧字《きゅうじ》）
舊
旧
（常用漢字《じょうようかんじ》）
キュウ

限
かぎ―る
ゲン

（旧字《きゅうじ》）
斷
断
（常用漢字《じょうようかんじ》）
た―つ
ダン

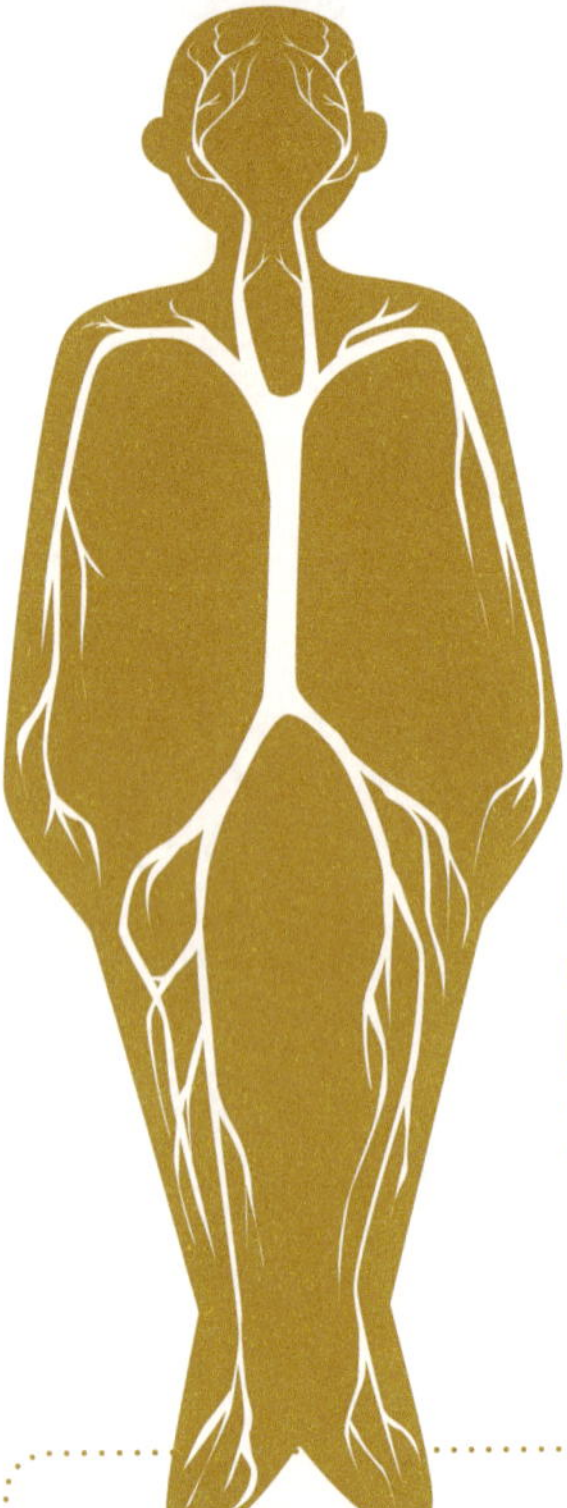

訓よみ

脈

音よみ

ミャク

むかしの漢字

はやわかり　となえことば

川《かわ》のように
体《からだ》を流《なが》れる
血《ち》の脈《みゃく》だ

なりたち

脈《ミャク》は、月（にくづき）と𠂢《（はい）》をあわせた形《かたち》。体《からだ》のなかをめぐる血管《けっかん》をあらわした字《じ》だ。

𠂢《（はい）》は、水《みず》の流《なが》れが、いくすじもにえだ分《わ》かれしている形《かたち》なんだ。

月（にくづき）は、「体《からだ》の一部《いちぶ》だよ」ということをあらわすしるし。

書き順

丿 刀 月 月 月' 肝 肝 脈 脈 脈

10画《かく》

ことばの例

脈拍《みゃくはく》・脈絡《みゃくらく》・山脈《さんみゃく》・動脈《どうみゃく》・静脈《じょうみゃく》・葉脈《ようみゃく》・文脈《ぶんみゃく》

訓よみ
つと-める

務

音よみ
ム

むかしの漢字

はやわかり となえことば

すき（力）を持《も》ち畑《はたけ》仕事《しごと》に務《つと》めます

なりたち

務《つと-める・ム》は、敄《ブ》と力《りょく》だよ。
力《りょく》は、田畑《たはた》をたがやすすき。
敄《ブ》は音《おん》をあらわす部分《ぶぶん》で、矛（ほこ）と攵（攴《ぼく》・むち）をあわせた形《かたち》。
務《ム》は、農作業《のうさぎょう》につとめることをあらわした字《じ》だ。

！努《ど》（4年生）や勉《べん》（3年生）も「つとめる」と読《よ》む。どちらにも、すきの力《りょく》があるよ。

書き順 11画

フ マ ヱ 予 矛 矛 矛 矛 敄 務 務

ことばの例

義務《ぎむ》・任務《にんむ》・責務《せきむ》・事務《じむ》・公務《こうむ》・業務《ぎょうむ》・服務《ふくむ》・外務省《がいむしょう》・刑務所《けいむしょ》

訓よみ　ゆめ

夢

音よみ　ム

むかしの漢字

はやわかり　となえことば

夕《ゆう》やみに
見《み》る夢《ゆめ》は
きっと
夢《む》魔《ま》のせい

なりたち

夢《ゆめ・ム》は、夜《よる》に見《み》る「ゆめ」をあらわした字。むかしの漢字《かんじ》を見《み》てごらん。呪術《じゅじゅつ》をおこなう女《おんな》の人《ひと》（）と、ベッド（）があるよ。

古代中国《こだいちゅうごく》では、呪術《じゅじゅつ》の力《ちから》で、人《ひと》に悪《わる》い夢《ゆめ》を見《み》せることができると考《かんが》えられていた。

夢《む》の字《じ》の夕《ゆう》は、夕《ゆう》やみや夜《よる》をあらわしている。

書き順

13画

ことばの例

夢心地《ゆめごこち》・夢物語《ゆめものがたり》・夢《ゆめ》うつつ・初夢《はつゆめ》・正夢《まさゆめ》・夢想《むそう》・夢中《むちゅう》・悪夢《あくむ》・白昼夢《はくちゅうむ》

迷

訓よみ　まよ-う

音よみ　（メイ）

むかしの漢字

はやわかり　となえことば

心《こころ》が迷《まよ》って道《みち》に迷《まよ》うのが迷《めい》の文字《もじ》

なりたち

迷《まよ-う・メイ》は、「まよう」という意味《いみ》の字《じ》だ。もともとは、おもに心《こころ》が迷《まよ》うことをあらわす字《じ》だったという。

迷《メイ》は、辶（しんにょう）と米《ベイ》。

辶（しんにょう）は、「道《みち》を行《い》く」「進《すす》む」という意味《いみ》をあらわす形《かたち》。

米《ベイ》は、ここでは、音《おん》をあらわすだけの役目《やくめ》。（ベイがメイに変《か》わったんだ。）

書き順　9画

、 丷 䒑 半 米 米 迷 迷 迷

ことばの例

迷子《まいご》・迷路《めいろ》・迷宮《めいきゅう》・迷信《めいしん》・迷走《めいそう》・迷惑《めいわく》・混迷《こんめい》・低迷《ていめい》・迷子《まいご》

訓よみ わた

綿

音よみ メン

むかしの漢字

はやわかり となえことば

ふわふわの綿《わた》が
糸《いと》や布《ぬの》になる
綿《めん》

なりたち

いまでは、綿《めん》といえば、木綿《もめん》をあらわす。木綿《もめん》は、ワタの木《き》の「わた」から糸《いと》をつむいでつくる。

でも、漢字《かんじ》ができたころの中国《ちゅうごく》には、ワタの木《き》がなかった。綿《わた・メン》のもともとの意味《いみ》は、絹《きぬ》の「きぬわた」や絹織物《きぬおりもの》。帛《はく》が「きぬ」をあらわしている。

ワタの木《き》が使《つか》われるようになって、綿《メン》は、木綿《もめん》をあらわす字《じ》になった。

書き順

14画

ことばの例

綿毛《わたげ》・綿雲《わたぐも》・綿雪《わたゆき》・綿《わた》あめ・真綿《まわた》・綿花《めんか》・綿羊《めんよう》・綿棒《めんぼう》・木綿《もめん》・海綿《かいめん》

訓よみ

輸

音よみ ユ

むかしの漢字

はやわかり となえことば

車《くるま》でものを運《はこ》んでよそにうつす輸《ゆ》だ

なりたち

輸《ユ》は、車《くるま》（くるまへん）と兪《ユ》。

兪《ユ》は、体《からだ》にできたはれものから、うみを盤《ばん》（入《い》れもの）に移《うつ》しとる形《かたち》なんだ。

ここでは、「ものを移《うつ》すこと」をあらわす。

兪《ユ》に車《くるま》（くるまへん）のついた輸《ユ》は、車《くるま》にものをのせて「輸送《ゆそう》すること」をあらわした字《じ》だ。

書き順

16画

ことばの例

輸入《ゆにゅう》・輸出《ゆしゅつ》・輸送《ゆそう》・輸血《ゆけつ》・運輸《うんゆ》・空輸《くうゆ》・密輸《みつゆ》

訓よみ　あま-る

音よみ　ヨ

余

むかしの漢字

餘（餘）

はやわかり　となえことば

食《た》べものが
たくさんあって
余《あま》ったよ

なりたち

余《あまーる・ヨ》は、「あまる」という意味《いみ》の字《じ》。もとの形《かたち》は餘で、食《た》べものがあまることをあらわした。

もうひとつ、べつのなりたちの余《ヨ》という字《じ》がある。それは、むかし、外科《げか》手術《しゅじゅつ》に使《つか》った針《はり》の形《かたち》からできた字《じ》だ。悪《わる》いものをとりのぞく道具《どうぐ》だった。

いまは、除《じょ》・徐《じょ》・途《と》などの漢字《かんじ》の部《ぶ》分《ぶん》になっている。

書き順　7画

ノ 𠆢 亼 亼 仐 佘 余

ことばの例

余《あま》りもの・余白《よはく》・余分《よぶん》・余地《よち》・余談《よだん》・余熱《よねつ》・余震《よしん》・余裕《よゆう》・余興《よきょう》

訓よみ

容

音よみ

ヨウ

むかしの漢字

はやわかり　となえことば

やねの下《した》　かすかに
すがたが見《み》える容《よう》

なりたち

容《ヨウ》は、宀（うかんむり）と谷《(よう)》。

この字《じ》の谷《(よう)》は、もとは「たに」とはべつの字《じ》だった。口（𠙵《サイ》・いのりのことばを入《い》れる器《うつわ》）の上《うえ》に、神《かみ》の気配《けはい》があらわれる形《かたち》なんだ。宀（うかんむり）は、先祖《せんぞ》をまつるお宮《みや》をあらわす。

容《ヨウ》のなりたちは、お宮《みや》でいのりをささげて、神《かみ》さまの気配《けはい》を感《かん》じること。「すがた」や「ようす」というのが、もともとの意味《いみ》だ。

書き順　10画

丶 丷 宀 宀 宂 穸 穴 穴 容 容

ことばの例

容器《ようき》・容積《ようせき》・容体《ようだい》・容易《ようい》・容疑《ようぎ》・内容《ないよう》・形容《けいよう》・許容《きょよう》・美容《びよう》

訓よみ

音よみ

略

リャク

むかしの漢字

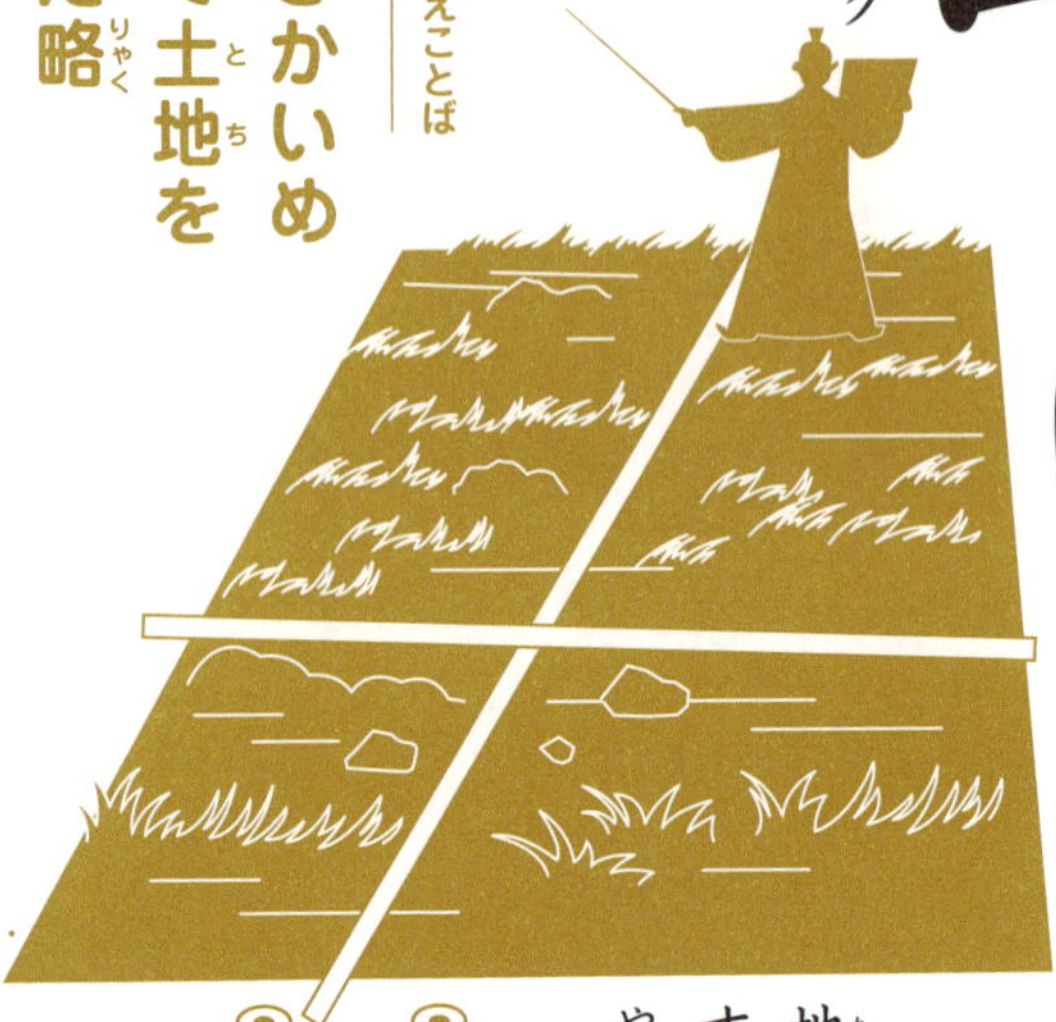

はやわかり　となえことば

田畑《たはた》のさかいめ
さだめて土地《とち》を
おさめた略《りゃく》

なりたち

略《リャク》のなりたちは、土地《とち》を支配《しはい》し、境《きょう》界《かい》をさだめて、そこをおさめること。「侵略《しんりゃく》」や「攻略《こうりゃく》」というのが、もともとの意味《いみ》だ。

略《リャク》は、田《た》（たへん）と各《カク》の字《じ》。田《た》は、ここでは、新《あたら》しく支配《しはい》する土《と》地《ち》をあらわしている。各《カク》は、音《おん》をあらわす部分《ぶぶん》。（各《カク》はあわせ漢字《かんじ》のなかでは、ラクやリャクの音《おん》になることがある。）

書き順

11画

ことばの例

略語《りゃくご》・略字《りゃくじ》・略図《りゃくず》・略歴《りゃくれき》・省略《しょうりゃく》・簡略《かんりゃく》・前略《ぜんりゃく》・攻略《こうりゃく》・戦略《せんりゃく》・侵略《しんりゃく》

訓よみ　と-める

留

音よみ　リュウ・ル

むかしの漢字

はやわかり　となえことば

田《た》んぼのそばに
水《みず》をためるよ
留《りゅう》の文字《もじ》

なりたち

留《と-める・リュウ》のなりたちは、田《た》んぼのあるところに水《みず》がたまること。絵《え》と、むかしの漢字《かんじ》を見《み》ればわかるよ。

は、水流《すいりゅう》のとちゅうにたまり水《みず》ができた形《かたち》。

留《リュウ》はいまは、さまざまなものを「とめること」や、ひとつの場所《ばしょ》に「とどまること」に使《つか》われる。

書き順　10画

ことばの例

留《と》め金《がね》・書留《かきとめ》・留置《りゅうち》・留学《りゅうがく》・留年《りゅうねん》・留守《るす》・在留《ざいりゅう》・保留《ほりゅう》・残留《ざんりゅう》・蒸留《じょうりゅう》

訓よみ

音よみ

リョウ

領

はやわかり となえことば

もともとは 人《ひと》のえり首《くび》
あらわした領《りょう》

むかしの漢字

なりたち

領《リョウ》は、人《ひと》の「くび」（頸《けい》）をあらわした字《じ》。くびやこしは、人《ひと》の体《からだ》のかなめになるところ。だから、重要《じゅうよう》なポイントを「要領《ようりょう》」という。要《ヨウ》のなりたちはこしで、領《リョウ》はくびだ。領《リョウ》の字《じ》の頁（おおがい）は、人《ひと》の首《くび》から上《うえ》をあらわす。令《レイ》は、音《おん》をあらわす部分《ぶぶん》。

書き順

14画

ことばの例

領地《りょうち》・領土《りょうど》・領域《りょういき》・領主《りょうしゅ》・領収書《りょうしゅうしょ》・大統領《だいとうりょう》・横領《おうりょう》・占領《せんりょう》・本領《ほんりょう》・要領《ようりょう》

訓よみ

歴

音よみ　レキ

はやわかり　となえことば

長年《ながねん》の　いくさのてがらを　あらわした歴《れき》

むかしの漢字

歷

（歷）

なりたち

歴《レキ》の、もとの形《かたち》は歷。厤《レキ》と止《シ》とに分《わ》けられる字《じ》だ。

厤《レキ》は、がけ（厂）の下《した》にある軍《ぐん》の陣《じん》地《ち》に、禾《か》という目印《めじるし》の木《き》を二本《にほん》たてた形《かたち》。

止《シ》は、めあてにむかって進《すす》む形《かたち》。

歴《レキ》は、いくさの経歴《けいれき》（やってきたこと）をあらわした字《じ》だ。多《おお》くの戦《たたか》いに加《くわ》わってきたことを「歴戦《れきせん》」というよ。

書き順

14画《かく》

ことばの例

歴史《れきし》・歴代《れきだい》・歴然《れきぜん》・歴戦《れきせん》・前歴《ぜんれき》・学歴《がくれき》・経歴《けいれき》

音《おん》訓《くん》さくいん

★知りたい漢字のページを、ここで調べることができます。
★数字は、その漢字がのっているページです。
★ひらがなは「訓よみ」、カタカナは「音よみ」です。
★たとえば「あつ・い」というように、線があるものは、線のうしろが「おくりがな」です。
★（　）にかいてあるものは、小学校では習わないよみです。

あ

（あかし）　証……126
（あたい）　価……36
アツ　圧……16
あつ・い　厚……78
（あば・く）　暴……212
あば・れる　暴……212
あま・る　余……222
あ・む　編……204
（あやま・ち）　過……38
（あやま・る）　謝……116
（あら・ず）　非……192
あらわ・す　現……72
あらわ・れる　現……72
あ・る　在……96

い

イ　囲……17
イ　移……18
イ　易……23
いきお・い　勢……138
（いさぎよ・い）　潔……67
いとな・む　営……21
い・る　居……59
イン　因……19

う

うつ・す　移……18
（う・る）　得……177

え

エイ　永……20
エイ　営……21
エイ　衛……22

エキ 易……23
エキ 益……24
エキ 液……25
えだ 枝……107
え・る 得……177
エン 演……26

お

オウ 応……27
オウ 往……28
(オウ) 桜……29
(おか・す) 犯……187
(おこ・る) 興……83
おさ・める 修……118
お・る 織……133

か

カ 可……34
カ 仮……35
カ 価……36
カ 河……37
カ 過……38
カイ 快……39
カイ 解……40
か・う 飼……110
かぎ・る 限……71
カク 格……41
カク 確……42
ガク 額……43
かこ・む 囲……17
か・す 貸……162
かた 型……65
かま・える 構……82
かり 仮……35
かわ 河……37
カン 刊……44
カン 幹……45
カン 慣……46
ガン 眼……47

き

キ 紀……48
キ 基……49
キ 寄……50
キ 規……51
キ 喜……52
ギ 技……53
ギ 義……54
き・く 効……77
きず・く 築……166
ギャク 逆……55
キュウ 久……56
キュウ 旧……57
キュウ 救……58
キョ 居……59
キョ 許……60
キョウ 境……61
(キョウ) 経……66
キョウ 興……83
(きわ) 際……95
キン 均……62
キン 禁……63

く

(ク) 久……56
ク 句……64
くら・べる 比……190

け

(ケ) 仮……35
(ゲ) 解……40
(ケイ) 境……61
ケイ 型……65
ケイ 経……66
ケツ 潔……67
けわ・しい 険……69
ケン 件……68
ケン 険……69
ケン 検……70
(ゲン) 眼……47
ゲン 限……71
ゲン 現……72
ゲン 減……73

こ

コ 故……74
コ 個……75
こ 粉……203
ゴ 護……76
(コウ) 格……41
コウ 効……77
(コウ) 厚……78
コウ 耕……79
コウ 航……80
コウ 鉱……81
コウ 構……82
コウ 興……83
コウ 講……84
こえ 肥……191
こ・える 肥……191
コク 告……85
こころざし 志……106
こころざ・す 志……106
こころよ・い 快……39
こた・える 応……27
ことわ・る 断……165
こな 粉……203
こ・む 混……86
ころ・す 殺……99
コン 混……86

さ

サ 査……90
サ 再……91
サイ 再……91
サイ 災……92
サイ 妻……93
サイ 採……94
サイ 際……95
(サイ) 財……97
(サイ) 殺……99
ザイ 在……96
ザイ 財……97
ザイ 罪……98
さか 逆……55
さかい 境……61
さか・らう 逆……55
さくら 桜……29
(さ・げる) 提……170
ささ・える 支……104
(さず・ける) 授……117
サツ 殺……99
ザツ 雑……100
サン 酸……101
サン 賛……102

し

シ 士……103

シ 支 104
シ 史 105
シ 志 106
(シ) 枝 107
シ 師 108
シ 資 109
シ 飼 110
(シ) 示 111
ジ 示 111
(ジ) 似 112
シキ 識 113
シキ 織 133
(シチ) 質 114
シツ 質 114
しめ-す 示 111
シャ 舎 115
シャ 謝 116
(シュ) 修 118
ジュ 授 117
シュウ 修 118
ジュツ 述 119
ジュツ 術 120
ジュン 準 121
ジョ 序 122
ショウ 招 123
ショウ 証 126
ショウ 象 127
ショウ 賞 128
(ショウ) 性 136
(ショウ) 政 137
(ショウ) 精 139
ジョウ 条 129
ジョウ 状 130
ジョウ 常 131
ジョウ 情 132
(ショク) 織 133
ショク 職 134

す

(ス) 素 148
(す-い) 酸 101
す-ぎる 過 38
すく-う 救 58
す-ごす 過 38
(すべ) 術 120
(すべ-て) 総 149
(す-べる) 統 173

せ

(セイ) 情 132
セイ 制 135
セイ 性 136
セイ 政 137
セイ 勢 138
セイ 精 139
セイ 製 140
ゼイ 税 141
セキ 責 142
セキ 績 143
(セツ) 殺 99
セツ 接 144
セツ 設 145
ゼツ 絶 146
せ-める 責 142

そ

ソ 祖 147
ソ 素 148
ソウ 総 149
ゾウ 雑 100
ゾウ 象 127
ゾウ 造 150
ゾウ 像 151

ゾウ 増……152
ソク 則……153
ソク 測……154
ゾク 属……155
(そこ・なう) 損……157
(そこ・ねる) 損……157
(ソツ) 率……156
そな・える 備……194
ソン 損……157

た

(タイ) 貸……162
タイ 態……163
た・える 絶……146
たがや・す 耕……79
たし・か 確……42
たし・かめる 確……42
(た・つ) 経……66
た・つ 絶……146
(た・つ) 断……165
たも・つ 保……206
ダン 団……164
ダン 断……165

ち

(チ) 質……144
チク 築……166
チョ 貯……167
チョウ 張……168

つ

(つい・やす) 費……193
(つ・ぐ) 接……144
つく・る 造……150
つ・げる 告……85
つと・める 務……217
つね 常……131
つま 妻……93
つみ 罪……98

て

テイ 停……169
テイ 提……170
テイ 程……171
テキ 適……172

と

トウ 統……173
ドウ 堂……174
ドウ 銅……175
ドウ 導……176
と・く 解……40
トク 得……177
ドク 毒……178
ドク 独……179
と・ける 解……40
(とこ) 常……131
と・める 留……225
と・る 採……94
(トン) 団……164

な

なが・い 永……20
なさ・け 情……132
な・れる 慣……46

に

に・る 似……112
ニン 任……180

ぬ

ぬの　布……197

ね

ネン　燃……181

の

ノウ　能……182
(のっと-る)　則……153
の-べる　述……119

は

ハ　破……186
はか　墓……207
はか-る　測……154
(バク)　暴……212
は-る　張……168
ハン　犯……187
ハン　判……188
ハン　版……189
バン　判……188

ひ

ヒ　比……190
ヒ　肥……191
ヒ　非……192
ヒ　費……193
ビ　備……194
ひき-いる　率……156
ひさ-しい　久……56
ひたい　額……43
ひと-り　独……179
ヒョウ　評……195
(ヒン)　貧……196
ビン　貧……196

ふ

フ　布……197
フ　婦……198
ブ　武……199
ふ-える　増……152
フク　復……200
フク　複……201
ふせ-ぐ　防……210
ふたた-び　再……91
ブツ　仏……202
フン　粉……203

へ

へ-る　経……66
へ-る　減……73
ヘン　編……204
ベン　弁……205

ほ

ホ　保……206
ボ　墓……207
ホウ　報……208
ホウ　豊……209
ボウ　防……210
ボウ　貿……211
ボウ　暴……212
(ほど)　程……171
ほとけ　仏……202

ま

まか-せる　任……180

ま・じる　混……86
ま・す　増……152
まず・しい　貧……196
(まつりごと)　政……137
(まなこ)　眼……47
まね・く　招……123
(まも・る)　護……76
まよ・う　迷……219

み

みき　幹……45
みちび・く　導……176
ミャク　脈……216

む

ム　武……199
ム　務……217
ム　夢……218
(むく・いる)　報……208

め

(め)　眼……47
(メイ)　迷……219
メン　綿……220

も

もう・ける　設……145
も・える　燃……181
(もと)　基……49
(もと)　素……148
(もとい)　基……49

や

(ヤク)　益……24
やさ・しい　易……23
やぶ・る　破……186

ゆ

ユ　輸……221
(ゆえ)　故……74
(ゆ・く)　往……28
ゆた・か　豊……209
ゆめ　夢……218
ゆる・す　許……60

よ

ヨ　余……222
ヨウ　容……223
よ・せる　寄……50
(よ・る)　因……19
よ・る　寄……50
よろこ・ぶ　喜……52

り

リツ　率……156
リャク　略……224
リュウ　留……225
リョウ　領……226

る

ル　留……225

れ

レキ　歴……227

わ

（わざ） 技……53
（わざわ-い） 災……92
わた 綿……220

むかしの漢字（5年生の193字）

うすい色で、いまの漢字が入っているところは、白川博士《はかせ》の字書にむかしの漢字がない文字です。

格
確
額
刊
幹
慣
眼
紀
基
寄
規
喜
技
義
逆
久
旧
救
居
許
境
均
禁
句
型
経
潔
件

妻

興

護

険

採

講

効

検

際

告

厚

限

在

混

耕

現

財

査

航

減

罪

再

鉱

故

殺

災

構

個

雑 酸 賛 士 支 史 志

枝 師 資 飼 示 似 識

質 舎 謝 授 修 述 術

準 序 招 証 象 賞 条

像

接

政

状

増

設

勢

常

則

絶

精

情

測

祖

製

織

属

素

税

職

率

総

責

制

損

造

績

性

破　導　停　貸
犯　得　提　態
判　毒　程　団
版　独　適　断
比　任　統　築
肥　燃　堂　貯
非　能　銅　張

脈
保
復
費
務
墓
複
備
夢
報
仏
評
評
迷
豊
粉
貧
綿
防
編
布
輸
貿
(辯)
弁
婦
余
暴
(辨)
弁
武

容

略

留

領

歴

おとなの方へ

☆この本には、二〇二〇年・新学習指導要領（小学校国語）にもとづく五年生の配当漢字・一九三字がおさめられています。

☆配当漢字表とおなじ、音読みのアイウエオ順に配列した構成となっています。

☆本書の古代文字は、白川静『新訂 字統』（平凡社）を参考に、金子都美絵がかきおこしたものです。甲骨文字・金文・篆文のなかから、なりたちが理解しやすいものを選んでいます。古代文字の資料が白川字書にない文字については、「むかしの漢字」は空欄になっています。

☆大きな見出し字についている訓読み・音読みのうち、（　）内は中学校以上でならう読み方です。

☆部首の分類方法は、辞書や教科書によって少しずつ異なります。また、部首名についても、たとえば、辶は「しんにゅう」「しんにょう」、攵は「ぼくにょう」「のぶん」「むちづくり」、行は「ぎょうがまえ」「ゆきがまえ」など、いくつかの呼び名が使われているものがあります。

シリーズ主要参考文献

白川静『新訂 字統』『字通』『常用字解』（平凡社）
宮下久夫・篠崎五六・伊東信夫・浅川満「漢字がたのしくなる本」シリーズ（太郎次郎社エディタス）

☆著者紹介

伊東信夫 ……いとう・しのぶ

漢字研究家、教育実践者。一九二六年、山形県生まれ。
一九四七年から九一年まで、長く教職にたずさわる。
六〇年代より、研究者と教師の共同研究をもとに、
「漢字」「かな文字」学習の体系化をはじめとする実践的方法論を探究。
つねに子どものまえに立ち、多くの教材を創案してきた。
八〇年代後半より白川文字学に学び、また直接教えを受け、
通時性をもつ豊かな漢字の世界を伝えるために研究をつづける。
著書に『成り立ちで知る 漢字のおもしろ世界』全七巻（スリーエーネットワーク）、
『あいうえおあそび』上下巻、「漢字がたのしくなる本」全シリーズ（共著）、
『漢字はみんな、カルタで学べる』（以上、小社刊）などがある。

金子都美絵 ……かねこ・つみえ

イラストレーター。民話や神話を題材にした絵画作品を数多く制作。

二〇〇〇年頃より白川静氏に私淑し、古代の漢字世界を描きはじめる。

影絵的な手法で「文字の場面」を表現する独自のスタイルを確立。代表作として
『〔白川静の絵本〕サイのものがたり』『〔白川静の絵本〕死者の書』（以上、平凡社）、

『絵で読む漢字のなりたち』『〔文字場面集〕一字一絵』（以上、小社刊）がある。

書籍・教具の絵の仕事に『漢字がたのしくなる本』（テキスト）全六巻、

『新版 101漢字カルタ』『新版 98部首カルタ』（以上、小社刊）など。

白川静文字学に学ぶ
漢字なりたちブック　5年生〔改訂版〕

二〇一八年十二月一日　初版発行
二〇二四年三月十日　第五刷発行

著者　伊東信夫
絵　金子都美絵
デザイン　後藤葉子
発行所　株式会社　太郎次郎社エディタス
東京都文京区本郷三-四-三-八階　郵便番号一一三-〇〇三三
電話〇三（三八一五）〇六〇五　ファックス〇三（三八一五）〇六九八
http://www.tarojiro.co.jp/　電子メール tarojiro@tarojiro.co.jp
編集担当　北山理子
組版　滝澤博（四幻社）
印刷・製本　大日本印刷
定価　カバーに表示してあります

ISBN978-4-8118-0575-7　C6081